Wilfried Steuer   Bäuerliche Wetterregeln

Bäuerliche Wetterregeln

gesammelt und ausgewählt
von Wilfried Steuer
mit Bildern von Jakob Bräckle

Federsee-Verlag

CIP-Kurztitelaufnahme der Deutschen Bibliothek

Bäuerliche Wetterregeln/ges. u. ausgew. von Wilfried Steuer.
Mit Bildern von Jakob Bräckle. — 7. Aufl. —
Bad Buchau: Federsee-Verlag, 1991.
ISBN 3-925171-09-6
NE: Steuer, Wilfried [Hrsg.]

© 1991, 7. erweiterte Auflage
Federsee-Verlag   Vereinigte Buchdruckereien, A. Sandmaier & Sohn, 7952 Bad Buchau

Druck: Vereinigte Buchdruckereien, A. Sandmaier & Sohn, Bad Buchau
Einband: Großbuchbinderei Moser, Weingarten

ISBN-Nr. 3-925171-09-6

Sitzender Bauer
mit Katze, 1931

INHALT

Meinen lieben
oberschwäbischen Landsleuten

Emerfeld im Winter, 1978

GELEITWORT ZUR 1. AUFLAGE

Der Erfolg der Arbeit des Bauern, der seine Werkstatt unter Gottes freiem Himmel hat, hängt ganz entscheidend vom Wetter ab. Mag er noch so fleißig sein — wenn das Wetter nicht mitmacht, bleibt alle Mühe, alle Arbeit vergebens. Von daher versteht sich das besondere Interesse der bäuerlichen Bevölkerung am Wetter und an Wettervorhersagen.

Schon seit den frühesten Zeiten — bereits das erste Buch der Könige bringt die Erzählung, wie Elias Regen voraussagt — versuchen die Menschen, aus Naturerscheinungen, aus dem Verhalten der Tiere und Pflanzen wie auch aus der Witterung einzelner Tage, Monate und Jahre, etwa im „Hundertjährigen Kalender", auf das kommende Wetter zu schließen. Als Frucht jahrhundertelanger Beobachtung und vertrauten Umgangs mit der Natur verdichteten sich diese Erfahrungen in den bäuerlichen Wetterregeln, die bei der Vorhersage des Wetters eine wichtige Rolle spielten. Wenn sie im einzelnen auch von unterschiedlichem Wert sind, ja sich zum Teil widersprechen, verdienen sie es doch, wegen ihrer Anschaulichkeit und Lebendigkeit wie als Zeugnis bäuerlichen Lebens und heimatlicher Volkskultur nicht in Vergessenheit zu geraten, auch wenn sie nicht immer stimmen. Denn auch die mit Wettersatelliten und hochwissenschaftlichen Methoden erarbeiteten Wettervorhersagen treffen bekanntlich daneben. Dagegen bestätigt unser heutiges Wissen um meteorologische Zusammenhänge, etwa der Einfluß der Monsunwetterlage auf die „Hundstage", manche der aus langer Beobachtung und Erfahrung gewonnenen Bauernregeln, die übrigens auch nicht so trocken und nüchtern sind wie amtliche Wetterberichte.

Die vorliegende Auswahl, die mit ihren 1200 Wetterregeln weder Anspruch auf Vollständigkeit noch Wissenschaftlichkeit erhebt, entstand aus vielen Gesprächen mit älteren Bäuerinnen und Bauern, Schäfern und Jägern und aus der Beschäftigung mit dem reichen Schatz bäuerlicher Überlieferungen und Lebenserfahrungen. So will mein Buch dieses wertvolle Erbe unserer Vorväter vor dem Vergessen bewahren, aber auch den Blick auf die Zusammenhänge in der Natur richten, die als Geschenk und Schöpfung Gottes gerade in unserer Zeit verstärkt unseren Schutz und Einsatz verdient. Wenn im übrigen nur gereimte, auf die Monate und Lostage bezogene Wetterregeln und Kalendersprüche aus dem süddeutschen Raum und den angrenzenden Gebieten Österreichs und der Schweiz aufgenommen worden sind, so hat das seinen guten Grund: In ihrer knappen und doch anschaulichen Form sind die Reimsprüche prägnant und leicht zu merken. Eine Aufnahme auch nicht gereimter Regeln oder gar der vielen allgemeinen bäuerlichen Lebensweisheiten hätte den Rahmen dieses Buches gesprengt. Auch wären viele Wiederholungen nicht zu vermeiden gewesen.

Daß die meisten der Lostage Heiligenfeste sind, zeugt für die Eingebundenheit des bäuerlichen Lebens in das Kirchenjahr und für eine genaue Kenntnis des Heiligenkalenders, die uns heutigen Menschen leider weitgehend verlorengegangen ist. Der Festtag eines Heiligen war früher nicht nur bloßes Merkdatum. Den Heiligen selber wurde auch ein Einfluß auf das Wetter zugeschrieben. Die Verehrung der Heiligen als vertraute Helfer in allen Nöten prägte weithin das Leben unserer Vorfahren. Wäre es nicht oft besser, wenn auch wir uns weniger auf öffentliche Hilfen und staatliche Programme verließen, sondern im Vertrauen auf unseren Herrgott und seine treuesten Diener, die Heiligen, unser Leben wieder stärker selber in die Hand nähmen?

Zu diesen so eng mit dem bäuerlichen Leben verbundenen Wetterregeln gesellen sich, als wären sie eigens dazu gemalt worden, die Bilder Jakob Bräckles. Sie sind nicht aus der romantisierenden oder idealisierenden Sicht eines Städters gemalt, sondern schildern das Leben der Bauern und ihre harte Arbeit aus eigenem Erleben. Die tiefe Verbundenheit des Malers mit der Landschaft seiner Heimat Oberschwaben, die Liebe zur Natur, die Vertrautheit mit ihrer Erscheinung im Wechsel der Jahreszeiten prägen sein Werk, das uns so viel zu geben vermag. Und so soll dieses Buch auch eine Freundesgabe zum 85. Geburtstag Jakob Bräckles am 10. Dezember 1982 sein.

Herzlichen Dank schulde ich vielen Bäuerinnen und Bauern für manche seltene alte Regel und meinen Emerfelder Nachbarn Pfarrer Albert Metzler, der mir viele alte Volks- und Hauskalender zum Durchschauen überlassen hat. Ich danke meiner getreuen Sekretärin Leni Mast und meinem Kreisarchivar Dr. Kurt Diemer für ihre wertvolle Mithilfe bei der Zusammenstellung. Nicht wenig verdankt dieses Buch aber auch der liebevollen Gestaltung durch den Verleger Dr. August Sandmaier und seine Frau Elisabeth wie seinen Betriebsleiter Siegfried Obert. Verpflichtet bin ich vor allem Professor Jakob Bräckle für seine Zustimmung zum Abdruck seiner Bilder und der Kreissparkasse Biberach für ihr großes Entgegenkommen.

Mein Wunsch ist es, daß uns die alten Wetterregeln, dieser herrliche Schatz bäuerlicher Lebensweisheiten, als Begleiter das Jahr über die Natur wieder näherbringen und die Liebe zur Heimat vertiefen, uns aber auch unser Abhängigkeit vor Augen stellen. Denn eine gute Ernte, das Leben, das Glück und die Zufriedenheit der Menschen stehen letztlich in Gottes Hand, der auch in unserem so modernen und fortschrittlichen Jahrhundert immer noch für uns sorgt und das Wetter macht, so wie es in dem alten Kirchenlied vertrauend und bittend heißt:

O Herr, gib uns ein fruchtbar' Jahr,
den lieben Kornbau uns bewahr;
vor Teurung, Hunger, Seuch' und Streit
behüt' uns, Herr, in dieser Zeit.

Möge dies auch fürderhin so bleiben!

Emerfeld auf der Alb, im Dezember 1982

Wilfried Steuer

Geleitwort zur 7. Auflage

Wieder ist nach kurzer Zeit eine Neuauflage meiner „Bäuerlichen Wetterregeln" notwendig geworden. Erstmals erschienen sie vor Weihnachten 1982 mit rund 1200 altüberlieferten Sprüchen und 130 Lostagen. Die vorliegende siebte Auflage, die, wie schon die vierte und fünfte, überarbeitet, erweitert und ergänzt worden ist, hat es nunmehr auf 1800 Wetterregeln und 219 Lostage gebracht. Aus über 400 mir zugesandten und selber gefundenen Wetterregeln habe ich noch einmal rund 150 ausgesucht, welche die vorliegende Sammlung ergänzen. Neu ist auch, daß die humoristischen Wetterregeln „Zum guten Schluß" als eine eigene Abteilung zusammengefaßt werden. Ebenso ist die Zahl der Bilder von Professor Jakob Bräckle von anfangs 25 auf nunmehr 42 vermehrt worden, so daß dieses Buch nicht nur eine der umfangreichsten Sammlungen von Wetterregeln ist, sondern auch einen hervorragenden Überblick über das Werk dieses bedeutenden Malers gibt.

Daß nach nur neun Jahren schon die siebte Auflage notwendig geworden ist, zeigt, daß dieses Buch eine breite Schicht von Mitbürgern anspricht, die an alter Volkskultur wie an Natur und Umwelt interessiert sind. Von nicht wenigen weiß ich, daß sie die „Bäuerlichen Wetterregeln" als eine Art Brevier fast täglich in die Hand nehmen und lesen. Gottlob wächst in unseren Tagen wieder der Sinn für Brauchtum und Vergangenheit, für alte bäuerliche Überlieferungen. Dies zu wekken und zu fördern war mir in meinen 24 Jahren als Landrat in Oberschwaben, wenn auch gelegentlich von manchen belächelt, immer ein großes Anliegen, weil es mehr ist als rückschauende Verklärung: Es ist die Rückbesinnung auf Werte, die in unserer technisierten Welt, die allzulange nur auf wirtschaftlichen Aufschwung ausgerichtet war und an die Machbarkeit aller Dinge glaubte, in Vergessenheit geraten sind.

Herzlich bedanken möchte ich mich für die vielen Zuschriften, Anregungen und Hinweise, die bis aus dem Vatikan kamen, wo auch der Heilige Vater mein Buch besitzt und die Wetterregeln somit „unfehlbar" sein dürften. Besonders gefreut haben mich die Briefe aus den wieder mit uns vereinigten deutschen Bundesländern. Danken möchte ich auch meinem Verleger Dr. August Sandmaier und seinem Federseeverlag, der dieses Buch immer mit großem Verständnis und Einsatz betreut und gefördert hat.

Es würde mich freuen, wenn auch diese neue Auflage wieder viele Freunde fände. In ihrer Einfachheit und Klarheit geben uns die Wetterregeln ein anschauliches Bild bäuerlichen Lebens im Jahreslauf. Sie sind nicht nur eine hilfreiche Ergänzung der trotz aller Computer leider immer noch häufig unsicheren amtlichen Wetterprognosen, sondern sie weisen uns vor allem auf die enge Verbindung des Menschen mit der Natur hin, die zu schützen und zu erhalten wir alle aufgerufen sind. Beherzigen wir die Mahnung des Dichters Friedrich Georg Jünger: „Die Erde bedarf des Menschen als eines Pflegers und Hirten. Wir müssen wieder lernen, sie wie eine Mutter zu behandeln. Dann werden wir auf ihr gedeihen".

Emerfeld, an Michaeli, 29. September 1991

Emerfeld, an Michaeli, 29. September 1991

Das Jahr des Bauern

Säe Korn Ägidi	1. September
Hafer, Gerste Benedikti	21. März
Flachs und Hanf Urbani	25. Mai
Wicken, Rüben Kiliani	8. Juli
Viti Kraut	15. Juni
Erbsen Gregori	12. März
Linsen Philippi Jakobi	1. Mai
grab Rüben Ketten Petri	1. August
schneid Kraut Simonis Juda	28. Oktober
bleib Stuben Kalixti	14. Oktober
iß Gans Martini	11. November
heiz warm Geburt Christi	25. Dezember
iß Lammbraten Oculi	3. Fastensonntag
trink Wein per circulum anni	über's ganze Jahr.

Dorfstraße im Winter, 1940

JANUAR

Januar warm —
Gott erbarm.

Januar kalt —
das gefallt!

Januar klar —
gutes Jahr.

Januar kalt und weiß —
Frühling ohne Eis.

Im Januar hoher Schnee —
im Sommer hoher Klee.

Reichlich Schnee im Januar —
Dunget für das ganze Jahr.

Eis und Schnee im Januar
künden an ein gutes Jahr.

Januar schön von Anfang und End
das ganze Jahr zum Guten wend't.

Lacht der Januar im Kommen und Scheiden,
bringt das Jahr noch viele Freuden.

Anfang und End vom Januar
zeigen's Wetter an fürs ganze Jahr.

Januar hell und weiß —
Sommer sicher heiß.

Januar Schnee zuhauf:
Bauer, halt die Säcke auf.

Fehlen dem Januar Schnee und Frost,
gibt der März gar wenig Trost.

Ist warm der Januar,
wenig taugt das ganze Jahr.

Ist der Januar gelind,
braust im Frühjahr Schnee und Wind,
Lenz und Sommer fruchtbar sind.
Ist er aber trüb und naß,
dann bleibt leer des Winzers Faß.

Knarrt im Januar Eis und Schnee,
gibt's zur Ernt viel Korn und Klee;
kommt der Frost im Januar nicht,
zeigt im März er sein Gesicht;
und wächst Gras im Januar,
ist's im Sommer in Gefahr.

Januar feucht und lau —
Frühjahr trocken und rauh.

Regen im Januar
bringt der Saat Gefahr.

Wächst das Gras im Januar,
wächst es schlecht durchs ganze Jahr;
wächst die Frucht auf dem Feld,
wird sie teuer in aller Welt.

Ist im Januar dick das Eis,
gibt's im Mai ein üppig Reis.

Ist der Januar frostig und kalt,
lockt uns bald der grüne Wald.

Wenn Frost nicht bis Januar kommen will,
so kommt er im März und im April.

Ein kalter, schöner Januar
bringt meistens auch ein gutes Jahr.

Januar hart und rauh
nützet dem Getreidebau.

Je kälter und heller der Januar,
desto voller Scheuer und Faß dies Jahr.

Fährt der Bauer im Januar Schlitten,
muß er im Herbst ums Saatgut bitten.

Den März fürcht ich im Januar,
im Januar den März fürwahr.

Wenn der Januar viel Regen bringt,
werden die Gottesäcker gedüngt.

Auf trockenen, kalten Januar
folgt oft viel Schnee im Februar.

Winter weich —
Kirchhof reich.

Wenn's im Januar donnert überm Feld,
kommt nachher noch größte Kält.

Ist der Januar naß und warm,
wird der Bauersmann gern arm.

Januar muß krachen,
soll der Frühling lachen.

Im Januar viel Regen
bringt den Früchten keinen Segen.

Im Januar viel Regen, wenig Schnee,
tut Acker, Wies und Bauer weh.

Ist der Januar nicht naß,
füllet sich des Winzers Faß.

Mehr Regen als Schnee im Januar
spürt Berg und Tal das ganze Jahr.

Der Januar muß mit Strenge walten,
sonst wird sich der Frühling nicht gut halten.

Den Bauern bringt es keinen Segen,
hat's im Januar viel Regen.

Tanzen die Mücken im Januar,
werden Futter und Butter rar.

Spielen die Mücken im Januar,
sind die Schafe in Gefahr.

Im Januar viel Muckentanz
verdirbt die Futterernte ganz.

Tanzen im Januar die Mucken,
muß der Bauern nach Futter gucken.

Sonnt sich die Katz im Januar,
liegt sie am Ofen im Februar.

Die Erde muß ihr Bettuch haben,
soll sie der Winterschlummer laben.

Was Januar in die Samen treibt,
in Halm und Ähren steckenbleibt.

Wächst die Frucht in Januar,
kommt gewiß ein böses Jahr.

Wächst das Korn im Januar,
wird es auf dem Markte rar.

Januar muß vor Kälte knacken,
wenn die Ernte gut soll sacken.

Wenn im Januar noch der Flegel klingt,
dem Bauer das Geld in die Tasche springt.

Im Januar Reif ohne Schnee
tut Bergen, Bäumen und Früchten weh.

Wenn kalt und naß der Januar,
verdirbt er wohl das ganze Jahr.

Wenn der Tag beginnt zu langen,
kommt die Kälte hergegangen.

Tage länger —
Winter strenger.

Baum im Schnee, 1934

Donner im Winter —
viel Kälte dahinter.

Der Januar hat viel Mützen
auf seinem Kopfe sitzen.

Kommt der Has in die Gärten,
der Winter sich wird noch härten.

Lieber einen Wolf im Januar sehn
als die Leute in Hemdsärmeln stehn!

Im Januar Füchse bellen, Wölfe heulen,
wird große Kälte noch lange weilen.

Wenn im Januar viel Nebel steigen,
wird sich ein schönes Frühjahr zeigen.

Raucht der Fluß und friert's im Grunde,
hat die Kälte manche Stunde.

Sind im Januar die Flüsse klein,
gibt's viel Frucht und guten Wein.

Wenn Januar mit Kälte dräut,
macht im Juli die Arbeit Freud.

Je frostiger der Januar,
desto freundlicher das ganze Jahr.

Im Januar Schnee —
im Sommer juchhe!

Wirft der Maulwurf im Januar,
dauert der Winter bis Mai sogar.

Nebel im Januar —
nasses Frühjahr.

Gelinder Januar —
spätes Frühjahr.

Bleibt der Winter fern,
nachwintert es gern.

Der Jänner
ist ein Holzverbrenner.

1. NEUJAHR

Neujahr schön und klar
gibt ein fruchtbar Jahr.

Neujahrsmorgenröte
macht viel Nöte.

Fängt das Jahr mit Regen an,
bringt's nicht viel Gutes auf den Plan.

Morgenrot am ersten Tag
Unwetter bringt und große Plag.

Wenn's um Neujahr Regen gibt,
oft um Ostern Schnee noch stiebt.

Strahlt Neujahr im Sonnenschein,
wird das Jahr wohl fruchtbar sein.

Wenn an Neujahr die Sonne lacht,
gibt's viel Fisch in Fluß und Bach.

Neujahrsnacht hell und klar
deutet auf ein gutes Jahr.

Neujahrsnacht still —
ein gutes Jahr es werden will.

2. MAKARIUS

Makarius prophezeit
das Wetter für die Erntezeit.

Wie's Wetter zu Makarius war,
wird's im September, trüb oder klar.

Wie's Wetter an Makari ist,
du's im September wiedersiehst.

6. DREIKÖNIG

Wie's Wetter sich bis Dreikönig hält,
so ist das nächste Jahr bestellt.

Heilig Dreikönig sonnig und still —
Winter vor Ostern nicht weichen will.

Ist bis Dreikönig kein Winter,
folgt auch keiner mehr dahinter.

Dreikönig hell und klar —
viel Wein in diesem Jahr.

Regen an Dreikönig — doppelte Keime,
aber nur halbe Frucht in die Scheune.

Dreikönigstag sind die Feste vorbei —
Mariä Verkünd'gung bringt neue herbei.

8. ERHARD

Erhard mit der Hack
steckt d'Weihnacht in den Sack.

8. SEVERIN

Wenn's Sankt Severin gefällt,
bringt er mit die große Kält.

13. HILARIUS

Sankt Hilarius
macht mit dem Vorwinter Schluß.

15. HABAKUK

Spielt die Muck um Habakuk,
Bauer, nach dem Futter guck.

Habakuk
ans Feuer ruck.

15. PAUL DER EINSIEDLER

Ist der Paulustag gelinde,
folgen im Frühjahr rauhe Winde.

16. THEOBALD

Sankt Theobald
macht d'Häuser kalt.

17. ANTONIUS DER EINSIEDLER

Sankt Anton nehmen die Tage zu
um eine Mönchsruh.

Wenn Antoni die Luft ist klar,
gibt es ein recht trockenes Jahr.

Große Kälte am Antonitag,
große Hitz am Lorenzitag —
doch keine lange dauern mag.

terabend, 1955—1957

20. FABIAN UND SEBASTIAN

Fabian Sebastian
fängt der rechte Winter an.

Fabian Sebastian
fängt der Baum zu saften an.

Fabian Sebastian
fangen Baum und Tag zu wachsen an.

Fabian im Nebelhut
tut den Bäumen gar nicht gut.

Sonniger Fabian
läßt den Bauern das Futter ausgahn.

Sturm und Frost an Fabian
ist den Saaten wohlgetan.

Fabian Sebastian
nimmt der Tauber die Taube an.

Tanzen an Fabian die Mücken,
muß man den Küken
das Futter bezwicken.

21. AGNES

Wenn Agnes und Sankt Vinzenz kommen,
wird neuer Saft im Baum vernommen.

Agnessonne —
weder Kraft noch Wonne.

22. VINZENZ

Bringt Sankt Vinzenz Sonnenschein,
kehrt Segen in die Kornkammer ein.

Wie's Wetter um Sankt Vinzenz war,
so wird es sein das ganze Jahr.

Geht Vinzenz im Schnee,
gibt's viel Heu und Klee.

Zu Vinzenzi Sonnenschein
läßt uns hoffen Korn und Wein.

An dem Tag Vinzentius
jede Rebe treiben muß.

Vinzenz Sonnenschein —
bringt gute Ernte, guten Wein.
Bringt er aber Wasserflut,
ist's für beides gar nicht gut.

Vinzenzi Schein
bringt viel Wein.

25. PAULI BEKEHRUNG

Zu Sankt Pauli Sonnenschein
bringt dem Bauern Korn und Wein.

Sankt Paulus kalt mit Sonnenschein —
wird das Jahr wohl fruchtbar sein.

Ist Pauli Bekehr hell und klar,
hoffet man ein gutes Jahr.

Je fester Sankt Paul und je heller,
desto voller Scheuer und Keller.

Hat Paulus weder Schnee noch Regen,
bringt das Jahr gar vielen Segen;
hat er Wind,
regnets gschwind.

Pauli Bekehr —
Schlitten hin, Wagen her!

Pauli Bekehr
s'erscht Gausoi her!

Pauli Bekehr —
halb Winter hin, halb her.

Sankt Paulus klar
gibt ein gutes Jahr.
So er bringt Wind,
kommt's Gras geschwind.
Wenn's regnet und schneit,
wird teuer's Getreid.
Durch Nebel stark
füllt er den Sarg.

Pauli bekehr dich —
halb Winter, scher dich!

Schön an Pauli Bekehrung
bringt allen Früchten Bescherung.

Pauli viel Regen —
für die Ernte schlechter Segen.

Ist zu Pauli Bekehr das Wetter schön,
wird man ein gutes Frühjahr sehn;
ist es aber schlecht,
dann kommt es spät als fauler Knecht.

Ist der Paulustag gelinde,
folgen oft noch rauhe Winde.

26. TIMOTHEUS

Timotheus klar —
gutes Jahr.

29. VALERIUS

Valerius und Adelgund
bringen Kält zu jeder Stund.

30. MARTINA

An Martina Sonnenschein
verheißt viel Frucht und guten Wein.

31. EUSEBIUS

Friert es auf Eusebius,
im März viel Kälte kommen muß.

Eisgerüst, 1937

Hätte der Februar Januars Gewalt,
ließ er verfrieren jung und alt.

Was der Februar nicht will,
nimmt der April.

Rauher Nord im Februar —
gutes Jahr.

Der Februar muß blasen,
soll das Vieh im Lenze grasen.

Bläst im Februar der Wind ins Horn,
bläst er im Sommer auch ins Korn.

Februar Schnee und Regen —
göttlicher Segen.

Gibt's im Februar weiße Wälder,
freuen sich drob Wies und Felder.

Februar-Schnee und -Eis
machen den Sommer heiß.

Viel Nebel im Februar —
viel Regen das ganze Jahr.

Singt die Lerch im Februar hell,
geht's dem Bauern an das Fell.

Februar recht lau und warm —
im Lenz viel Frost, daß Gott erbarm!

Februar kalt und klar —
gutes Roggenjahr.

Viel Regen im Februar —
viel Sonne das ganze Jahr.

Im Februar viel Regen —
dem Sommer ein Segen.

Nasser Februar —
fruchtbar Jahr.

Wenn's im Februar regnerisch ist,
hilft's so viel wie guter Mist.

Wenn's der Februar gnädig macht,
bringt der Lenz den Frost bei Nacht.

Wer Hafer sät im Horn,
der hat viel Korn;
wer ihn sät im Mai,
der hat viel Spreu.

Wenn's im Februar nicht schneit,
kommt die Kält zur Osterzeit.

Friert es nicht im Februar ein,
wird's ein schlechtes Kornjahr sein.

Alle Monate im Jahr
verwünschen den schönen Februar.

Schaltjahr —
Kaltjahr.

Im Februar müssen die Stürme fackeln,
daß den Ochsen die Hörner wackeln.

Wenn im Februar spielen die Mücken,
gibt's im Schafstall große Lücken.

Mücken, die im Februar summen,
gar oft auf lange Zeit verstummen.

Wenn im Februar die Schnaken geigen,
müssen sie im Märzen schweigen.

Wenn im Februar die Mücken schwärmen,
muß man im März die Öfen wärmen.

Tanzen die Mücken im Februar,
gibt's ein recht spätes Frühjahr.

Spielen die Mücken im Februar,
frier'n Schaf und Bien das ganze Jahr.

Wenn im Februar die Mücken spielen,
muß der März den Winter fühlen.

Die Katz, die in der Februarsonne liegt,
im März sich hinter den Ofen verdrückt.

Liegt im Februar die Katz im Freien,
kann sie im März vor Kälte schreien.

Sonnt sich die Katz im Februar,
friert sie im März trotz Pelz und Haar.

Im Februar muß d'Lerch auf d'Heid,
mag's ihr lieb sein oder leid.

Tummeln die Krähen sich noch,
bleibt lang des Winters Joch.

Es sagt der Bauer:
Der Februar ist ein Lauer.

Die weiße Gans im Februar
brütet Segen für das ganze Jahr.

Der schlimmste Monat im ganzen Jahr
noch meist der kleine Hornung war.

Starker Nordwind im Februar
vermeldet ein recht fruchtbar Jahr;
doch wenn er im Februar nicht will,
so kommt er sicher im April.

Ist der Februar sehr warm,
friert man zu Ostern bis in den Darm.

Bringt der Februar Gewitter,
merkt mit Schmerzen es der Schnitter.

Der Februar hat seine Mucken —
baut aus Eis oft feste Brucken.

Im Februar Schnee und Eis —
Sommer heiß.

Der Februar ist. eine eigner Kauz —
wenn's nicht gefriert, dann taut's.

Viel Regen im Februar —
regnet's das ganze Jahr.

Februar mit Vogelsang
macht den Bauern angst und bang.

Singt die Amsel im Februar,
bekommen wir ein teures Jahr.

Der Februar macht Dreck,
und der März holt ihn weg.

2. MARIÄ LICHTMESS

Lichtmeß
bei Tag eß.

Lichtmeß
's Spinne vergeß,
's Rädle hinter die Tür,
's Rebmesser herfür!

An Lichtmeß fängt der Bauersmann
mit des Jahres Arbeit an.

Lichtmeß im Klee —
Ostern im Schnee.

Häuser im Schnee, 1929

Lichtmeß im Schnee —
Palmsonntag im Klee.

Kerzen im Schnee —
Palmen im Klee.

Lichtmeß hell und klar —
später Frühling, gutes Jahr.

Ist's zu Lichtmeß licht,
geht der Winter nicht.

Lichtmeß trüb —
dem Bauern lieb.

Lichtmeß hell
gerbt des Bauern Fell.

Scheint an Lichtmeß die Sonne heiß,
kommen noch viel Schnee und Eis.

Scheint Lichtmeßtag die Sonne klar,
wird größres Eis als vorher war.

Wenn Lichtmeß hell und klar,
gibt's zwei Winter in diesem Jahr.

Scheint Lichtmeßtag die Sonne klar,
gibt's Spätfrost und kein fruchtbar Jahr.

Mariä Reinigung Sonnenschein —
die Kält wird hernach größer sein.

An Lichtmeß Sonnenschein
bringt großen Schnee herein.

Lichtmeß licht —
geht der Winter nicht.

Lichtmeß lauter und rein —
Bauer, hosch zwei Küeh, verkauf die ein!

Lieber das Weib auf der Bahr
als zu Lichtmeß hell und klar.

Gibt's an Lichtmeß Sonnenschein,
wird's ein spätes Frühjahr sein.

Ist's an Lichtmeß hell und rein,
wird's ein langer Winter sein.
Wenn es aber stürmt und schneit,
Ist der Frühling nicht mehr weit.

Wenn's zu Lichtmeß stürmt und tobt,
der Bauer froh das Wetter lobt.

Kommt der Lichtmeßtag herbei,
ist der Winter erst halb vorbei.

Mariä Lichtmeß Sonnenschein —
geht der Fuchs wieder in die Höhle rein.

Wenn d'Sonn dem Pfarrer
zu Lichtmeß auf d'Kanzel guckt,
sich 's Dächsle noch
sechs Wochen im Loche duckt.

Sonnt sich der Dachs in der Lichtmeßwoche,
geht auf vier Wochen er wieder zum Loche.

Lieber den Wolf in den Stall hinein
als zu Lichtmeß Sonnenschein!

An Lichtmeß muß die Lerche singen,
und sollte ihr auch der Kropf zerspringen.

So lange die Lerche vor Lichtmeß singt,
so lange nach Lichtmeß kein Lied ihr gelingt.

Lichtmeß stürmisch und kalt —
kommt der Frühling bald.

Wenn zu Lichtmeß Nebel fällt,
dauert noch sehr lang die Kält.

Lichtmeß trüb, Aschtag klar
gibt Hoffnung auf ein fruchtbar Jahr.

Zu Lichtmeß halb Futter, halb Brot —
dann hat es keine Not.

Zu Lichtmeß noch das halbe Futter —
dann fehlt dir's nicht an Milch und Butter.

3. BLASIUS

Sankt Blasius
man Lammbraten essen muß.

Sankt Blas und Urban ohne Regen —
folgt ein guter Erntesegen.

Sankt Blasius
macht mit dem strengen Winter Schluß.

Wenn Sankt Blasius wärmt,
es den Bauern härmt.

5. AGATHE

Am Agathentag
rieselt das Wasser den Berg herab.

Agatha, die Gottesbraut,
macht, daß Schnee und Eis wegtaut,
aber oft bringt Dorothee
hernach noch den meisten Schnee.

Agathe
reich an Schnee.

6. DOROTHEA

Bringt Dorothea recht viel Schnee,
bringt der Sommer guten Klee.

Sankt Dorothee
bringt meistens Schnee.

Die heilige Dorothee
watet gern in tiefem Schnee.

Nach dem Dorotheentag
kein Schnee mehr kommen mag.

9. APOLLONIA

Kommt Frau Apollonia,
sind die Lerchen wieder da.

Ist's an Apollonia feucht,
der Winter meist sehr spät entweicht.

12. EULALIA

Eulalia hell und klar
bringt ein gutes Bienenjahr.

14. VALENTIN

Am Tag von Sankt Valentin
gehen Eis und Schnee dahin.

Ist's um Valentin noch weiß,
blüht an Ostern schon das Reis.

Valentins Eier
müssen schnell ans Feuer.

Hütte im Schnee, 1981

Kalter Valentin —
früher Lenzbeginn.

Trinkt Sankt Valentin viel Wasser,
wird der Frühling um so nasser.

An Sankt Valentein
friert's Rad mitsamt der Mühle ein.

17. SIEBEN GRÜNDER

Wenn's an Siebengründer friert,
bliebt der Winter ungeniert.

18. SIMON

Friert's um Simon ganz plötzlich,
bleibt der Frost nicht lang gesetzlich.

19. KONRAD

Dem Konrad sein Mut
tut selten gut.

22. PETRI STUHLFEIER

Hat Petri Stuhlfeier Eis und Ost,
bringt der Winter noch herben Frost.

Petri Stuhlfeier kalt
wird vierzig Tage alt.

Wie's Petrus und Matthias macht,
so bleibt es noch durch vierzig Nacht.

Friert's an Petri Stuhlfeier,
friert's noch vierzigmal heuer.

Ist es an Petri Stuhlfeier kalt,
so hat der Winter noch lange Halt.

Sankt Peter hebt den Lenz an,
der geht aus auf Sankt Urban.

Gefriert's in der Sankt Petersnacht,
verliert der Winter seine Kraft.

Hat's in der Petersnacht gefroren,
dann läßt der Frost uns ungeschoren.

Wenn Sankt Petrus geht zu Stuhl,
sucht der Storch nach seinem Pfuhl.

Zu Petri Stuhl sucht der Storch sein Nest
und kommt von den Schwalben der Rest.

Um Sankt Peters Tag
sucht der Star den Schlag.

An Petri Stuhlfeier kommen
die Störche an,
da stößt den Brand in
die Erd der Bauersmann.

Hat St. Peter das Wetter schön,
soll man Kohl und Erbsen säen.

24. MATTHIAS

Nach Mattheis
geht kein Fuchs mehr übers Eis.

Tritt Matthias stürmisch ein,
wird bis Ostern Winter sein.

Sankt Matthias kalt —
die Kält lang anhalt.

Sankt Mattheis
wirft 'nen heißen Stein ins Eis.

Mattheis
bricht's Eis —
hat er keins,
so macht er eins.

Hat Mattheis seine Hack verloren,
wird Joseph schon das Eis durchbohren.

Matthias hab ich lieb —
gibt dem Baum den Trieb.

Wenn Matthias kommt herbei,
legt das Huhn das erste Ei.

Mattheis bricht's Eis,
doch ja sacht,
sonst kommt die Kält
im Frühjahr zur Macht.

Gefriert's auf Sankt Matthis,
friert's vier Wochen g'wiß.

25. WALBURGA

So viel vor Michaelis Reif und Schnee,
so viel an Walburgis deckt den Klee.

Walburgaschnee
tut nimmer weh.

Sankt Burgel
geht dem Winter an die Gurgel.

26. FELIX

Felix und Petrus zeigen an,
was wir im März für Wetter ha'n.

28. ROMANUS

Ist Romanus hell und klar,
deutet's an ein gutes Jahr.

FASNACHT

Wenn an Fasnacht die Sonne scheint,
ist's für Korn und Erbsen gut gemeint.

Ist die Fasnacht klar und hell,
so stell bereit den Pflug nur schnell!

Wenn an Fasnacht die Sonne scheint,
so kommt ein Winter nachgegreint.

Das Wetter in den Fasnachttagen
mag sein auch in den Ostertagen.

Gibt's um d'Fasnacht viel Stern,
legen die Hennen gern.

Fasnachtsschnee,
tut der Saat weh.

Fasnacht ohne Regen
verkündet ein Jahr Segen.

Mücken, die an Fasnacht geigen,
müssen die ganzen Fasten schweigen.

Der Eiszapfen um Fasenacht
dem Flachs gar lange Zöpfe macht.

ASCHERMITTWOCH

Wie Aschermittwoch 's Wetter war,
hält es sich das ganze Jahr.

Schneesonne, 1935

Wie sich Aschermittwoch stellt,
die ganze Fasten sich verhält.

Wenn's zu Aschermittwoch schneit,
gibt es Schnee noch weit und breit.

Wie das Wetter
am Aschermittwoch beschaffen,
soll es sich bis Ostern anlassen.

FUNKENSONNTAG

Funkennacht voller Stern
hat der Bauer gern.

Funken im Klee —
Palmen im Schnee.

Wenn die Funken brennen,
muß der Winter rennen.

Ein trockener März
erfreut des Bauern Herz.

Läßt der März sich trocken an,
bringt er Brot für jedermann.

März trocken
bringt den Bauern auf die Socken.

Von wilden Blümlein die roten
und Spechte sind Frühlingsboten.

März nicht zu trocken und zu naß
füllt dem Bauern Scheuer und Faß.

Der März bringt's,
und der September nimmt's (das Licht).

Feuchter, fauler März —
des Bauern Schmerz.

Ist's im März zu feucht,
wird's Brot im Sommer leicht.

Wer wässert im März und im Mai,
hat Wiesen, aber kein Heu.

Wenn im März viel Winde wehn,
wird der Maien warm und schön.

Märzenregen — der Sommer trocken
und die Ähren bleiben hocken.

Märzenregen —
kein Sommersegen.

Märzen kalt und Sonnenschein —
wird eine gute Ernte sein.

Wenn der März stößt rauh ins Horn,
steht es gut mit Heu und Korn.

58　MÄRZ

Auf Märzendonner folgt ein gutes Jahr;
viel Frost und Regen bringen Gefahr.

Wenn's im Märzen taut und frostet,
es der Saat das Leben kostet.

Märzgewitter zeigen an,
daß große Winde ziehn heran.

Taut's im März nach Sommerart,
bekommt der Lenz 'nen weißen Bart.

Donnert's im März,
lacht des Bauern Herz.

Langer Schnee im März
bricht dem Korn das Herz.

Donnert's in den März hinein,
wird der Roggen gut gedeih'n.

Märzenschnee und Jungfernpracht
dauern oft kaum über Nacht.

Grollt Donner übern kahlen Wald,
wird's noch einmal bitter kalt.

März ohne Schnee
tut den Saaten weh.

Eggenstaub und Winterfrost
machen die Bauern wohlgetrost.

Märzenschnee
tut der Saat nicht weh.

Märzenschnee
tut Frucht und Weinstock weh.

Fürchte nicht den Schnee im März
darunter schlägt ein warmes Herz.

Vorfrühling, 1928

Dem Golde gleich ist Märzenstaub —
er bringt uns Kraut und Gras und Laub.

Im Märzen
spart man die Kerzen.

Wenn der März viel Schnee verweht,
gute Ernt in Aussicht steht.

Mit dem Märzen
ist nicht gut scherzen.

Langer Schnee im März gibt Heu,
aber mager Korn und Spreu.

Was der März nicht will,
holt sich der April.

So viel Nebel im Märzen steigen,
so viel sich Wetter im Sommer zeigen.

Zu Anfang oder zu End
der März sein Gift send't.

Im Märzen die Nebel wägen —
im Sommer gleichviel Regen.

Der März geht aus wie er geht ein —
das End wird wie der Anfang sein.

So viel im Märzen Nebel dich plagen,
so viel Gewitter nach hundert Tagen.

Säest du im März zu früh,
ist es leicht vergebne Müh.

Wer will dicke Bohnen essen,
darf des Märzen nicht vergessen.

Mitte Märzen
soll der Bauer im Feld rumsterzen.

62 MÄRZ

Frühe Saat hat nie gelogen —
allzu spät hat oft betrogen.

März in der Blume, Sommer ohne Tau
trocknen die Felder und dürren die Au.

Steckst die Kartoffel im März,
so treibst du mit ihr Scherz.

Märzengrün
ist bald wieder hin.

Siehst im März du Blumen im Freien,
magst getrost den Samen streuen.

Märzenblüte
hat keine Güte.

Der März ist der Lämmer Scherz,
aber oft auch ihr Schmerz.

März —
der Lämmer Scherz;
April —
treibt sie wieder in die Still.

Maulwurfshaufen im März zerstreut
lohnt sich wohl zur Erntezeit.

Amsel zeitig —
Bauer, freu dich!

Der März
kriegt den Pflug beim Sterz —
der April
hält ihn wieder still.

Märzenschnee frißt —
Aprilschnee mist't.

Märzen trocken, April naß
füllt des Bauern Scheuer und Faß.

Märzenblüte ist nicht gut,
Aprilblüte halb so gut,
Maienblüte ist ganz gut.

Trockener März und feuchter April —
das ist nach des Bauern Will.

Sind März und April zu trocken und licht,
so gerät das Futter nicht.

Märzenschein
läßt nichts gedeihn.

Märzensonne —
kurze Wonne.

Ist der März naß statt trocken,
so bleibt die Haue beim Felgen stocken.

Märzenstaub, Aprilenlaub und Maienlachen
sind drei gute Sachen.

Steigt die Lerche stumm und nicht hoch,
kommt ein nasses Frühjahr noch.

März trocken, April naß —
Mai luftig, von beiden etwas,
bringt Korn in den Sack und Wein ins Faß.

Märzenwind und Aprilenregen
bringen im Mai großen Segen.

Nasser März, trock'ner April —
das Futter nicht geraten will;
kommt dazu ein kalter Mai,
gibt's wenig Futter, Wein und Heu.

Im Märzen kalt und Sonnenschein —
wird's eine gute Ernte sein.

64 MÄRZ

Märzenstaub und Maienregen
kann man mit der Goldwaag wägen.

Zu frühe Märzensaat ist nicht gut,
zu späte auch ein Übel tut.

Märzhafer —
Herzhafer.

Schlägt im Märzgrün der Fink,
ist es ein gefährlich Ding.

Hasen, die springen,
Lerchen, die singen,
werden sicher den Frühling bringen.

Wenn im März viel Mückenspiel,
dann sterben der Bien' und Schafe viel.

Wenn im März viel Nebel fallen,
im Sommer viel Gewitter schallen.

Schnee, der erst im Märzen weht,
abends kommt und morgens geht.

Fängt der März an wie ein Bär,
endet er glatt wie ein Schmer.

Sind die Fasten trocken,
gibt's reichliche Brocken;
ist aber feucht der März,
bekommt der Bauer ein schweres Herz.

Am Anfang rauh und mild beim Weichen,
das gilt im März als gutes Zeichen.

Trockener März, nasser April, kühler Mai
füllen Keller und Böden und machen Heu.

Schneeschmelze, 1927

Fasten ohne Regen
verkündet ein Jahr mit Segen.

Wenn im März die Kuckuck viel schrein,
kann man sich auf den Frühling freun.

Wenn Störche Eier aus dem Neste fegen,
gibt's ein Jahr mit sehr viel Regen.

Der böse März
hat ein arges Herz.

März trocken —
viel Roggen.

Märzenferkel, Märzenfohlen
alle Bauern haben wollen.

Der März
hat Gift im Sterz.

Der März am Schwanz,
der April ganz,
der Mai neu
sind selten treu.

Ein grüner März
erfreut kein Bauernherz.

1. ALBINUS

Regnet's stark zu Albinus,
macht's dem Bauern viel Verdruß.

3. KUNIGUNDE

Kunigund
macht warm von unt'.

Ist's an Kunigunde klar,
gibt es ein gesegnet Jahr.

Donnert es um Kunigund,
treibt's der Winter lange bunt.

Wenn es Kunigunden friert,
sie's noch vierzig Nächte spürt.

Ist Kunigunde tränenschwer,
dann bleibt gar oft die Scheune leer.

Lachende Kunigunde
bringt frohe Kunde.

4. KASIMIR

Donnert es um Kasimir
bliebt der Winter lange hier.

6. FRIDOLIN

Mit ihren Herden wieder ziehn
die Schäfer hin an Fridolin.

Um Sankt Fridolin
zieht der strenge Winter hin.

An Fridolein
müssen die Pflüge im Felde sein.

7. PERPETUA

Perpetua und Felizitas
bringen das erste Gras.

10. VIERZIGRITTER

Gefriert's an Vierzigritter stark,
gefriert's noch vierzig Nächte arg.

Kälte an den Vierzigrittern
läßt uns noch 40 Tage zittern.

Vierzigritter mit Eis und Schnee
tun dem Ofen noch vierzig Tag weh.

Ist's rauh an Vierzigherrn,
so wird die Kälte länger währn.

Regen, den die vierzig Märtyrer senden,
wird nach vierzig Tagen erst enden.

An Vierzigritter Blitz —
arge Sommerhitz.

Wie's Wetter auf Vierzigritter fällt,
es sich noch sieben Wochen hält.

Wie die vierzig Märtyrer das Wetter gestalten,
so wird es noch vierzig Tage halten.

12. GREGOR

Wenn sich Gregori stellt,
muß der Bauer mit der Saat ins Feld.

Um Gregor
kommt die Schwalbe vor.

Sankt Gregor und das Kreuze macht
den Tag so lang als wie die Nacht.

Weht an Gregorius der Wind,
noch vierzig Tage windig sind.

Weht um Sankt Gregor der Wind sehr stark,
so treibt er's bis Sankt Jörgen arg.

14. MATHILDE

Mathilde
führt viel im Schilde.

Mathilde zeigt dem Bauern an,
ob im Feld er säen kann.

17. GERTRAUD

Gertraud
ist die erste Magd im Kraut.

Gertraud
den Garten baut.

Gertraud
stupft's Kraut.

Sankt Gertrud mit dem frommen Sinn
ist die erste Gärtnerin.

Sieht Sankt Gertrud Eis,
wird das Jahr nicht heiß.

Wenn es friert an Sankt Gertrud,
der Winter noch vierzehn Tage nicht ruht.

Ist Gertrud sonnig,
wird's dem Gärtner wonnig.

Sankt Gertraud
ist die erste Sommerbraut.

Gertraud bringt die Störche her,
Bartholomäus macht die Nester leer.

Der Sämann, 1939

Gertrud mit der Maus
treibt die Spinnerinnen aus.

Sankt Gertrud mit den Mäusen
tut den Mägden das Garn abbeißen.

Sankt Gertrud
die Erde öffnen tut.

Sankt Gertraud
führt die Kuh ins Kraut,
das Roß zum Pflug,
die Bienen zum Flug.

Schöner Josefstag —
das Jahr gut werden mag.

Josefstag klar —
fruchtbares Jahr.

An Josefstag
löscht d'Näherin das Lichtlein ab.

Josef klar —
gutes Honigjahr.

Joseph macht behende
dem Winter ein Ende.

19. JOSEF

Ist's am Josefstage schön,
kann es nur gut weitergehn.

21. BENEDIKT

Benedikt Schnee —
vierzehn Tag oder no meh.

Sankt Benedikt
macht d'Zwiebla dick.

Willst Gerste, Erbsen, Zwiebel dick,
so sä sie an Sankt Benedikt.

Soll die Gerste üppig stehn,
so muß man an Sankt Benedikt sä'n.

25. MARIÄ VERKÜNDIGUNG

Ist's an Marien schön und rein,
wird das Jahr sehr fruchtbar sein.

Sankt Marien schön und rein
kündet an des Jahrs Gedeihn.

Wenn Maria sich verkündet,
Storch und Schwalbe heimwärts findet.

Zu Mariä Verkündigung
kommen die Schwalben wiederum.

Maria bindet die Reben auf,
nimmt auch leichten Frost in Kauf.

Zum Verkündigungsfest
haben die Kiebitze ihr Ei im Nest.

Mariä Verkündigung schön und hell —
Obst und Wein auf alle Fäll.

Mariä Verkündigung hell und klar —
Segen für das ganze Jahr.

Lein, gesät am Marientag,
wohl dem Nachtfrost trotzen mag.

Schöner Verkündigungsmorgen
befreit den Bauern von vielen Sorgen.

Mariä Verkündigung
stößt den Weibern s'Licht um.

26. LUDGER

Ist's um Ludger feucht,
bleiben die Kornböden leicht.

27. RUPERT

Ist an Rupert der Himmel rein,
so wird er's auch im Juli sein.

Rupertus
man raupen muß.

Aprilschnee, 1933

APRIL

April
macht, was er will.

Säen am ersten April
verdirbt den Bauern mit Stumpf und Stiel.

Mondhelle Nächte im April
schaden der Baumblüte viel.

Je früher im April der Schlehdorn blüht,
desto eher der Bauer zur Ernte zieht.

Der April ist ein Freiherr —
gibt Regen und Schnee her.

Bläst der April mit beiden Backen,
gibt's viel zu jäten und zu hacken.

Ist der April zu schön,
kann im Mai der Schnee noch wehn.

Ein trockener April
ist nicht des Bauern Will;
April mit Regen
ist ihm gelegen.

Bleibt der April sonnig und warm,
macht er den Bauern nicht arm.

Ist der April schön und rein,
wird der Mai wilder sein.

Aprilenglut
tut selten gut.

Der April kann rasen —
nur der Mai hält Maßen.

Ist der April sehr trocken,
geht der Sommer nicht auf Socken.

April warm, Mai kühl, Juni naß
füllen dem Bauern Scheuer und Faß.

April windig und trocken
macht alles Wachstum stocken.

Wenn der April Spektakel macht,
gibt's Heu und Korn in voller Pracht.

Aprilensturm und Regenwucht
künden Wein und goldne Frucht.

Stößt der April rauh ins Horn,
so steht es gut um Heu und Korn.

Rauher April
den Kasten füll.

D'r Aprilabutza
brengt de Felder Nutza.

Aprilwetter und Kartenglück
wechseln jeden Augenblick.

Aprilwetter und Frauensinn —
veränderlich von Anbeginn.

April und Weiberwill
ändern sich schnell und viel.

Die Menschen und Aprilen
haben ihre Grillen.

Herrengunst, Aprilenwetter,
Frauenlob und Rosenblätter,
Kartenglück und Würfelspiel
wechseln viel — wer's glauben will.

Aprilwetter und Herrengunst —
darauf zu bauen ist umsunst.

Aprilwetter und Weibertreu —
das ist immer einerlei.

Donnert's im April,
so hat der Reif sein Ziel.

Bringt der April Schnee und Frost,
gibt's wenig Heu und sauren Most.

Im April tiefer Schnee —
keinem Dinge tut er weh.

Schnee im April
mag kommen, wann er will.

Ist der April auch noch so gut,
er schneit den Bauern auf den Hut.

Nasser April und windiger Mai
bringen ein fruchtbar Jahr herbei.

Nasser April und kühler Mai
füllen die Speicher, machen viel Heu.

April naß und kalt
gibt Roggen wie einen Wald.

Warmer Aprilregen —
großer Segen.

Nasser April —
der Früchte viel.

April mehr Regen als Sonnenschein,
wird der Juni trocken sein.

Aprilregen —
dem Bauern gelegen.

April
frißt der Lämmer viel.

82   APRIL

Wenn die Frösche quaken im April,
noch Schnee und Regen kommen will.

Siehst im April du Falter tanzen,
magst du getrost im Garten pflanzen.

Wenn im April die Maikäfer fliegen,
so bleiben die meisten im Schmutze liegen.

Je zeitiger im April die Schlehe blüht,
um so früher vor Jakobi die Ernte glüht.

Schießt im April das Gras,
bleibt der Maimond kühl und naß.

Im April
wächst das Gras ganz still.

Wächst das Gras schon im April,
steht's dafür im Maien still.

Aprilflöckchen
bringen Maiglöckchen.

Wer im April erst den Weinstock bindet,
wenig Wein im Herbste findet.

Auf dem Acker kein besserer Mist,
als der an des Bauern Stiefel ist.

Grünen die Eichen vor dem Mai,
zeigt's daß der Sommer fruchtbar sei.

Der April
treibt sein Spiel.
Treibt er's toll,
wird die Tenne voll.

Gehts im April du im Sonnenschein aus,
laß bloß den Regenschirm nicht zu Haus!

Heimkehrender Bauer, 1935

Im April
wächst das Gras in Füll.

Aprilendürre
macht die Hoffnung irre.

Dürren April
der Bauer nicht will.

Wohl hundertmal schlägt's Wetter um —
das ist des Aprils Privilegium.

Der April treibt sein Spiel,
der Mai hat auch noch Launen viel.

Fängt der April an glatt wie Schmer,
so endet er rauh wie ein Bär.

Am besten hat's der Herrgott im April:
Er kann's Wetter machen, wie er will.

Legst mi im April,
komm i, wenn i will;
legst mi im Mai,
komm i glei. (Die Kartoffel)

Bald trüb und rauh, bald licht und mild
ist der April des Menschen Ebenbild.

Schnee im April
gut düngen will.

April oder Maien —
einer wird schneien.

April und Mai
rühren fürs Jahr den Brei.

Ist der April kalt und naß,
dann wächst das Gras.

April, dein Segen
heißt Sonne und Regen;
nur den Hagel
häng an den Nagel.

April
hat schon der Blumen viel.

April macht die Blum,
Mai hat den Ruhm.

Heller Mondschein im April
gibt an Obst und Wein nicht viel.

Aprilagülla
duet de Baura d'Käste fülla.

PALMSONNTAG

Am Palmsonntag Sonnenschein
soll ein gutes Zeichen sein.

GRÜNDONNERSTAG

Gründonnerstag weiß —
Sommer heiß.

Was an Gründonnerstag gesät,
in Feld und Garten wohl gerät.

KARFREITAG

Wenn es am Karfreitag regnet,
ist das ganze Jahr gesegnet.

Karfreitagsregen
soll trocknen Sommer geben.

Karfreitagsregen
kommt ungelegen.

OSTERN

Oster- und Karfreitagsregen
bringen selten Erntesegen.

Wenn zu Ostern die Sonne scheint,
sitzt der Bauer am Speicher und weint.

Wind, der von Ostern bis Pfingsten regiert,
im ganzen Jahr sich wenig verliert.

Osterferkel, Osterfohlen
alle Bauern haben wollen.

Ostern weiß vom Schnee —
Pfingsten der Schierling auf Heckenhöh.

Regnet's in die Osterglocken
wird der ganze Sommer trocken.

Wird's am Ostertage regnen,
so wird dürres Futter begegnen.
Ist's aber schön am selben Tag,
so wird gut Schmalz
und wohlfeil bei der Waag.

Regnet's in die Ostern rein,
wird zu Wasser auch der Wein.

3. CHRISTIAN

Christian
fängt zu säen an.

Wer an Christian säet Lein,
bringt schönen Flachs in seinen Schrein.

Ist Ambrosius schön und rein,
wird Sankt Florian wilder sein.

3. ROSAMUNDE

Oft schneit Ambrosius
dem Bauern auf den Fuß.

Sturm und Wind an Rosamunde —
gute Kunde.

10. EZECHIEL

Vor Ezechiel bis Jürgen —
Lein in die Erde würgen.

4. AMBROSIUS

Wer an Sankt Ambros Zwiebeln sät,
dem seine Arbeit wohl gerät.
Er schickt ins Feld den letzten Pflug,
entläßt die Imme zum Honigflug.

14. TIBURTIUS

Tiburtius kommt mit Sang und Schall
mit Kuckuck und mit Nachtigall.

Erbsen sä an Ambrosius —
sie tragen reich und geben gut Mus.

Auf Tiburtius
alles grünen muß.

Löwenzahnwiese, 1942

23. GEORG

Sankt Georg und Sankt Marx
bringen oft viel Args.

Ist Georgi warm und schön,
wird man noch rauhes Wetter sehn.

Ist Georgi schön und warm,
gibt's ein Wetter, daß Gott erbarm.

Wenn vor Georgi Regen fehlt,
wird man hernach damit gequält.

Gibt's Gewitter vorm Georgitag,
so folgt gewiß noch Kälte nach.

Zu Georgi die Küh hinaus —
zu Michaeli wieder nach Haus.

Siehst du das Korn zu Sankt Georgen
so hoch, daß ein Rab darin geborgen,
dann, Bauer, freu dich, denn fürwahr,
das gibt ein gut Getreidejahr.

Sankt Georg kommt nach alten Sitten
auf einem Schimmel dahergeritten.

Kommt Sankt Georg auf dem Schimmel,
beschert ein gutes Frühjahr der Himmel.

Was vor Georgi wächst,
ist verhext.

Was bis Georgi die Reben treiben,
wird ihnen nicht bis Gallus bleiben.

Zu Georgi blinde Reben
volle Trauben später geben.

Kann Georg im Korn Raben verstecken,
wird Mehl sich häufen zu prallen Säcken.

Die Wiese geht ins Heu,
ist Sankt Georgentag vorbei.

Auf Sankt Georgs Güte
stehn die Bäume in Blüte.

24. FIDELIS

Wenn es friert an Sankt Fidel,
bleibt's fünfzehn Tag noch kalt und hell.

25. MARKUS

Vor Markustag
niemand hüten mag.

Was Sankt Markus an Wetter hält,
so ist's auch mit der Ernt bestellt.

Leg erst nach Markus Bohnen —
er wird dir's reichlich lohnen.

Quakt der Frosch an Markus viel,
schweigt er dafür nachher still.

Markus' Kält
bis zur Bittwoch hält.

25. ERWIN

Ist's vor Erwin warm,
friert man nachher bis in den Darm.

Baun um Erwin schon die Schwalben,
gibt's viel Futter, Korn und Kalben.

28. Vitalis

Gefriert's auf Sankt Vital,
gefriert's noch fünfzehnmal.

29. Katharina von Siena

Gibt's an Kathrinen Sonnenschein,
so bekommt man guten Wein.

29. Petrus der Märtyrer

Auf Sankt Peters Fest
sucht der Storch sein Nest.

Hat Sankt Peter das Wetter schön,
kann man Kohl und Erbsen sä'n.

Austrieb, 1959—1961

Kühler Mai
bringt allerlei.

Kühler Mai bringt ein fruchtbar Jahr,
trockener Mai macht es dürr fürwahr.

Mairegen auf die Saaten —
dann regnet's Dukaten.

Grün schmücken sich Flur und Au,
fällt vom Himmel Maientau.

Wenn der Mai den Mai erst bringt,
ist es besser, als wenn er ihn find't.

Der Mai, zum Wonnemond erkoren,
hat den Reif noch hinter seinen Ohren.

Kühler Mai —
Stroh und Heu.

Frost im Mai schadet Wein,
Hopfen, Bäumen, Korn und Lein.

Abendtau und kühl im Mai —
bringen Wein und vieles Heu.

Maienfrost
Blüten und Früchten das Leben kost.

Mai kühl und naß
füllt Scheuer und Faß.

Nordwind im Mai
bringt Trockenheit herbei.

Ein kühler Mai wird hochgeacht —
hat stets ein fruchtbar Jahr gebracht.

Den Maien voll Wind
begehrt das Gesind.

Maienmonat kalt und windig
macht die Scheuer voll und pfündig.

Ist's im Mai recht kalt und naß,
haben die Maikäfer wenig Spaß.

Des Maien Mitte
hat für den Winter noch eine Hütte.

Trockener Mai —
Wehgeschrei;
feuchter Mai
bringt Glück herbei.

Der Mai kommt gezogen,
wie der November verflogen.

Donnert es im Mai recht viel,
hat der Bauer gewonnen Spiel.

Donner im Mai
führt großen Wind herbei.

Ist der Mai heiß und trocken,
kriegt der Bauer kleine Brocken;
ist er aber feucht und kühl,
dann gibt's Frucht und Futter viel.

Donnert's ins junge Laub hinein,
wird das Brot bald billiger sein.

Viel Gewitter im Mai —
singt der Bauer Juchhei.

Zu nasser Mai
macht viel Geschrei
und wenig Heu.

Genug Regen im Mai
gibt dem ganzen Jahr Brot und Heu.

Mai ohne Regen
fehlt's allerwegen.

Im Mai ein warmer Regen
bedeutet Früchtesegen.

Maientau —
grüne Au;
Maienfröste —
unnütze Gäste.

Aus nassem Mai
kommt trockener Juni herbei.

Regen Anfang Maien
tut den Reben dräuen.

Wenn's im Mai recht regnet,
wird das Jahr gesegnet.

Regen im Mai —
Wohlstand und Heu.

Wer im Mai setzt Bohnen,
dem wird's lohnen.

Will der Mai ein Gärtner sein,
trägt er nicht in Scheunen ein.

Ein rechter Mai fürwahr
ist der Schlüssel zum ganzen Jahr.

Ist im Maien zart das Gras,
gibt es Milch ohn Unterlaß.

Der Mai bringt Blumen dem Gesichte,
dem Magen aber keine Früchte.

Blumenkohl im Mai
gibt Köpfe wie ein Ei.

100 MAI

Wenn im Mai die Bienen schwärmen,
kann der Bauer vor Freude lärmen.

Im Mai geschoren,
ist neu geboren.

Ein Bienenschwarm im Mai
ist wert ein Fuder Heu.

Es ist kein Mai so gut —
er schneit dem Schäfer auf den Hut.

Blühen die Eichen im Mai,
kommt ein gutes Jahr herbei.

Der Mai ist selten so gut —
er setzt dem Zaun einen Hut.

Der Maikäfer Menge
bringt den Schnitter in die Enge.

Am Abend rote Sonne
ist des Schäfers Wonne;
Rotsonne am Morgen
bringt dem Schäfer Sorgen.

So wie der Mai
werden Obst und Heu.

Wer Hafer sät im Mai,
der hat viel Spreu.

Wenn im Mai die Laubfrösche knarren,
magst du wohl auf Regen harren.

Der Mai mag kommen spät oder früh —
kommt die Kuh hinaus, so zittert sie.

Der Maien kühl, der Brachmonat naß
füllen dem Bauern Scheunen und Faß.

Rapsfeld, 1978

Wer im Mai verehrt
was der September erst gewährt,
dem ist ein schlimmer Winter beschert.

Regnet's in die Hopfenstecken,
wird das nächste Bier nicht schmecken.

Wenn die Wachteln fleißig schlagen,
läuten sie von Regentagen.

Blüht vor Mai der Schlehendorn,
reift noch vor Jakob das Korn;
blüht er aber spät im Mai,
steht es schlecht um Korn und Heu.

Steht im Mai der Wind aus Süden,
ist uns Regen bald beschieden.

Willst du wissen des Weines Frommen,
so laß den Mai zu Ende kommen.

Ein heißer Mai —
des Todes Kanzlei.

Es wird kommen der Mai.
Der wird fragen: Hast du auch Heu?
Ja, hätt ich Stroh,
so wär ich froh.

Erst Mitte Mai
ist der Winter vorbei.

Maiwonnen —
leere Weintonnen.

Gibt's im Mai viel Regenwetter,
wird auch das Getreide fetter.

Treibt die Esche vor der Eiche,
hält der Sommer große Bleiche;
treibt die Eiche vor der Esche,
hält der Sommer große Wäsche.

Maiende hell und klar —
ein gutes Jahr.

Maikäferjahr —
gutes Jahr.

Bittage

Wenn es an den Bittagen regnet,
wird die Ernte reich gesegnet.

Christi Himmelfahrt

Regen an Himmelfahrt —
vierzig Tage seiner Art.

Mit Himmelfahrtsregen
gibt Gott zum zweiten Male Segen.

Ein Bauer von der alten Art
trägt seinen Pelz bis Himmelfahrt;
und tut ihm dann der Bauch noch weh,
so trägt er ihn bis Bartholomä.

Ein Bauer von der alten Art
zieht aus den Pelz zu Himmelfahrt;
und um Johann
zieht er ihn wieder an.

An Himmelfahrt Regen —
dem Heu ungelegen.

Scheint Himmelfahrt die Sonne,
bringt der Herbst große Wonne.

Wie das Wetter am Himmelfahrtstag,
so der ganze Herbst sein mag.

BLUTFREITAG

Blutfreitag Sonnenschein
verheißt viel Frucht und guten Wein.

PFINGSTEN

Wenn wir singen: Komm, heiliger Geist,
gilt das Korn das allermeist.

Regen am Pfingsttag
bringt Plag.

Ein Wind,
der von Osten bis Pfingsten regiert,
im ganzen Jahr sich wenig verliert.

Zu Pfengsten
hat der Bauer am wengsten.

DREIFALTIGKEITSFEST

Wenn's am Dreifaltigkeitsfeste regnet,
dem Bauern das die Felder segnet.

1. WALBURGISNACHT

Regen in der Walburgisnacht
hat Keller und Tenn stets voll gemacht.

Tau am Morgen der Walpurgisnacht
hat stets ein gutes Butterjahr bracht.

1. PHILIPPUS UND JAKOBUS

Philipp und Jakob naß
machen dem Bauern Spaß.

Auf Philipp und Jakob Regen —
großer Erntesegen.

An Sankt Philipps Tag
die Linsen zum Felde trag.

Regen an Philippi gar
deutet an ein fruchtbar Jahr.

Philippi Jakobi —
viel friß i, wenig hob i.

Regen am ersten Mai —
viel Korn und Heu.

Am ersten Mai der Reif liegt offen —
ist ein gutes Jahr zu hoffen.

Wenn's regnet am ersten Mai,
regnet's auch weiter glei.

Den ersten Mai
führt man den Ochsen ins Heu.

Erster Mai — Reif oder Naß
macht dem Bauern Spaß.

3. KREUZAUFFINDUNG

Das Wetter am Kreuzauffindungstag
bis Himmelfahrt noch bleiben mag.

4. FLORIAN

Der Florian, der Florian
noch einen Schneehut setzen kann.

Florian und Gordian
richten oft noch Schaden an.

Morgen im Mai, 1940

8. STANISLAUS

Wenn sich naht Sankt Stanislaus,
rollen die Kartoffeln raus.

Tränen weint der Stanislaus,
tut uns gar nicht leid;
werden blanke Heller draus
über kurze Zeit.

10. GORDIAN

Gordian
man nicht trauen kann.

10. EPIMACHUS

Um Epimach und Gordian
fängt manchmal wieder der Winter an.

DIE EISHEILIGEN

11. MAMERTUS, 12. PANKRATIUS,
13. SERVATIUS, 14. BONIFATIUS,
15. SOPHIE, 16. JOHANNES NEPOMUK

Der heilige Mamerz
hat von Eis ein Herz.
Pankratius hält den Nacken steif,
sein Harnisch klirrt von Frost und Reif.
Servatius' Hund der Ostwind ist,
hat schon manch Blümlein totgeküßt.

110 MAI

Mamertus, Pankratius und Servatius
bringen immer noch Verdruß.

Pankratius und Servatius
bringen oft Kält zum Überdruß.

Mamerz, Pankraz, Servazi,
das sind drei Lumpazi.

Pankraz und Servaz sind böse Gäste;
sie bringen oft die Maienfröste.

Ist Pankraz schön,
wird guten Wein man sehn.

Pankraz und Servaz sind zwei böse Brüder,
was der Frühling gebracht, zerstören sie wieder.

Was Pankraz ließ unversehrt,
wird von Urban oft zerstört.

Eh Pankraz und Servaz vorbei,
ist nicht sicher vor Kälte der Mai;
ja auch Sankt Urbanus
ist oft noch ein Grobianus.

Pankraz und Urban Sonnenschein
füllt die Fässer mit gutem Wein.

Pankraz und Urban ohne Regen
bringen großen Erntesegen.

Wer sein Schaf schert vor Servaz,
dem ist die Woll lieber als das Schaf.

Nach Pankraz und Servazitag
die Kälte nicht mehr schaden mag.

Vor Nachtfrost bis du sicher nicht,
bis daß herein Servatius bricht.

Nach Servaz kommt kein Frost mehr,
der dem Wein gefährlich wär.

Pankraz, Servaz, Bonifaz
und dazu die kalte Sophie —
vorher lache nie.

Pankratius, Servatius, Bonifatius —
der Gärtner sie beachten muß;
gehn sie vorüber ohne Regen,
dem Weine bringt es großen Segen.

Pankraz, Servaz, Bonifaz
schaffen Frost und Eis gern Platz.

Pankraz, Servaz, Bonifaz
sind meist kalt und naß.

Seht die drei Eispatrone an —
sollten dem Winzer nicht im Kalender stahn.

Pankraz, Servaz, Bonifaz
machen erst dem Sommer Platz.

Drei Heilige auf Az,
die stehlen wie ein Spatz.

Die drei ...atius sind strenge Herrn —
sie ärgern Gärtner und Winzer gern.

Was die drei Wetterheiligen nicht verderben,
wird nicht mehr an großer Kälte sterben.

Servaz und Sophie müssen vorüber sein,
willst du vor Nachtfrost sicher sein.

Kein Reif ohne Servaz,
kein Schnee ohne Bonifaz.

112 MAI

Pankrazi, Servazi, Bonifazi
sind drei frostige Bazi;
und zum Schlusse fehlet nie
die kalte Sophie.

Beim Bauern wenig Sympathie
hat, wenn sie kalt ist, die Sophie.

Manche Pflanze wird nicht alt,
denn die Sophie liebt es kalt.

An Sankt Bonifatius
man keine Gerste säen muß.

Gehn die Eisheiligen ohne Frost vorbei,
singen Bauern und Winzer Juchhei.

Pankraz, Servaz, Bonifaz,
des send drei kalte Ma,
die ziehget d'Herre d'Winterpelz
und d'Baure d'Hendsche a.

Lein, gesät Sophientag,
stets vortrefflich wachsen mag,
sät man ihn am Vormittag;
doch gesät am Nachmittag,
nur ein Knötlein gibt Ertrag.

Sophie bringt zum Schluß
einen Regenguß.

D'r Nepomuk
geit em d'r Duck.

Schütz früh gepflanzte Sachen,
dann kann d'Sophie nichts machen.

Heiliger Johann Nepomuk,
treib uns die Wassergüss zuruck!

Kleefeld, 1933

24. ESTHER

Lein, gesät an Esthern,
wächst am allerbesten.

25. URBAN

Urban gibt den Rest,
wenn Servaz noch was über läßt.

Sankt Urban hell und rein —
viel Korn und auch gar vielen Wein.

Sankt Urban schön und klar —
viel Wein im Jahr.

Danket Sankt Urban, dem Herrn,
er bringt dem Getreide den Kern.

Wie sich's an Sankt Urban verhält,
so ist's noch zwanzig Tag bestellt.

So wie Urban sich verhält,
ist das Heuwetter auch bestellt.

Die Witterung auf Sankt Urban
zeigt des Herbstes Wetter an.

Sankt Urban bringt keinen Frost mehr her,
der dem Weinstock schädlich wär.

Urbanstag das Wetter schön —
so wird man volle Weinstöck sehn.

Urban, laß die Sonne scheinen,
damit wir nicht beim Weine weinen!

Das Wetter, das Sankt Urban hat,
auch in der Lese findet statt.

Um Urban gut Wetter
und um Vitus Regen
bringen dem Felde sicher Segen.

Sankt Urban hell und rein
segnet die Fässer ein.

Urban, o du Grobian,
nimm doch bloß Verstand noch an!

Die Sonne heut so prächtig scheint,
Sankt Urban hat es gut gemeint.

Urban
fangt's Kleemähen an.

Schaut Sankt Urban fröhlich drein,
gibt es viel und guten Wein;
bringt er Regenschauer,
wird der Wein gar sauer.

Nach Sankt Urban
fängt der Sommer an.

31. PETRONELLA

Lein, gesät auf Petronell,
wachset lang, zerfallet schnell.

Ist es klar an Petronell,
meßt den Flachs ihr mit der Ell.

Wer Hafer sät an Petronell,
dem wächst er gut und schnell.

Petronell Regen —
wird sich das Getreide legen.

JUNI

Brachmonat kalt und naß
leeret Scheuer, Küch und Faß.

Gibt's im Juni Donnerwetter,
wird das Getreide fetter.

Juni naß —
viel Bodengras.

Wenn's im Juni viel regnet,
ist der Graswuchs gesegnet.

Kalter Juniregen
bringt Wein und Honig keinen Segen.

Juni feucht und warm
macht den Bauern nicht arm.

Viermal Juniregen —
zwölffach Segen.

Stellt der Juni mild sich ein,
wird mild auch der Dezember sein.

Wenn naß und kalt der Juni war,
verdirbt er meist das ganze Jahr.

Auf den Juni kommt es an,
wenn die Ernte soll bestahn.

Juni trocken mehr als naß
füllt mit gutem Wein das Faß.

Vor finstrer Sonne in der Blüte
der liebe Gott das Korn behüte!

Ist der Juni warm und naß,
gibt's viel Korn und noch mehr Gras.

Wettert der Heuet mit großem Zorn,
bringt er dafür auch reichlich Korn.

118 JUNI

Im Juni viel Donner —
trüber Sommer.

Sollen gedeihen Korn und Wein,
muß der Juni trocken sein.

Menschensinn und Juniwind
ändern sich oft sehr geschwind.

Wenn Nordwind weht im Junius,
gar bald Gewitter folgen muß.

Wenn im Juni Nordwind geht,
kommt Gewitter oft recht spät.

Nordwind, der im Juni weht,
nicht im besten Rufe steht.
Kommt er an mit kaltem Gruß,
bald Gewitter folgen muß.

Wenn im Juni Nordwind weht,
das Korn zur Ernte trefflich steht.

Im Juni wird des Nordwinds Horn
noch nichts verderben an dem Korn.

Ein Feuer und ein Kessel drauf
ist des Junis bester Lauf.

Bläst der Juni ins Donnerhorn,
bläst er ins Land das gute Korn.

Der Abend rot, der Morgen grau
bringt das schönste Tagesblau.

Fliegen die Fledermäuse abends umher,
kommt anhaltend schönes Wetter her.

Sollen Feld und Garten gedeihn,
braucht's im Juni Sonnenschein.

Mäher, 1938

Wenn der Juni kühl und trocken,
gibt's was in die Milch zu brocken.

Wenn die Johannisbeeren reifen,
kannst du bald nach Kirschen greifen.

FRONLEICHNAM

Es folgt für uns ein gutes Jahr,
wenn es an Corpus Christi klar.

Regnet's am Fronleichnamstag,
regnet's noch vier Wochen nach.

Schönes Wetter am Herrgottstag
gutes Jahr bedeuten mag.

Wenn's am Herrgottstage regnet,
ist der Sommer selten gesegnet.

1. FORTUNATUS

Ist's an Fortunatus klar,
verheißt's ein gutes Erntejahr.
Stellt der Juni mild sich ein,
wird's auch der September sein.

Schönes Wetter auf Fortunat
gutes Jahr zu bedeuten hat.

2. ERASMUS

Regen an Erasmustag
verdirbt den ganzen Heuertrag.

6. NORBERT

Wer auf Norbert baut,
kriegt viel Flachs und Kraut.

8. MEDARDUS

Medard bringt keinen Frost mehr her,
der dem Weinstock gefährlich wär.

Was Sankt Medard für Wetter hält,
solch Wetter auch in die Ernte fällt.

Hat Medardus am Regen Behagen,
will er ihn auch in die Ernte jagen.

Macht Medardus feucht und naß,
regnet's ohne Unterlaß.
Schier dasselbe gelten mag
vom Sankt Margareten-Tag.

Medardus ohne Regen —
großer Weinsegen.

Wie's wettert am Medarditag,
so bleibt's sechs Wochen lang danach.

Regen an Medardustag —
so noch dreißig Tag, ist alte Sag.

An Medardus wird ausgemacht,
ob 40 Tag die Sonne lacht.

10. MARGARETE

Regen am Margaretentag
dauert vierzehn Tag.

Margret und Vit
bringen kalten Regen mit.

Hat Margaret nicht Sonnenschein,
bringt man das Heu nicht trocken ein.

Auf Barnabas die Sonne weicht,
auf Luzia sie zu uns schleicht.

11. BARNABAS

Sankt Barnabas
schneidet das Gras.

Barnabas
macht Bäum und Dächer naß.

Barnabas macht, wenn er günstig ist,
wieder gut, was verdorben ist.

Wenn Barnabas bringt Regen,
gibt es Traubensegen.

Regnet's an Barnabas,
schwimmt die Traube in das Faß.

13. ANTONIUS VON PADUA

Wenn Sankt Anton gut Wetter lacht,
Sankt Peter viel in Wasser macht.

Regnet's am Antoniustag,
wird's Wetter später, wie es mag.

Antonius von Padua
s ..... über seine Wade na.

15. VEIT

Wie das Wetter ist an Veit,
so ist's nachher lange Zeit.

Regnet's an Veit,
Gerste nicht leid't.

Sankt Vit
bringt Regen und Fliegen mit.

Sankt Veit
ändert die Zeit.

Wenn Veit das Häfele verschütt',
bringt er Regenwetter mit.

O Heiliger Veit, regne nicht,
daß es nicht an Obst und Wein gebricht!

Hat Sankt Vitus starken Regen,
bringt er unermeßlich Segen.

Der Sankt Veit
dreht die Blätter auf d'Seit.

Hat der Wein abgeblüht auf Sankt Vit,
bringt er ein schönes Weinjahr mit.

Wer dem Veit nicht traut,
kriegt kein Kraut.

Ist zu Sankt Veit der Himmel klar,
dann gibt's gewiß ein gutes Jahr.

Regnet's am Veitstag,
regnet's einunddreißig Tag.

Nach Sankt Veit
Fliegenzeit.

D'r heilige Sankt Veit
hat's Häfele omkeit.

Sankt Veit hat den längsten Tag;
Lucia macht's mit der Nacht ihm nach.

Heuernte, 1940

Sankt Veit hat den längsten Tag,
Luzia die längste Nacht vermag;
Sankt Gregor und das Kreuz auch macht
den Tag so lang als wie die Nacht.

Vitus spricht: Sä' Lein —
oder laß es sein.

Heiliger Sankt Veit,
weck mi beizeit,
weck mi it z'früe und it z'spot,
daß's it ins Bett nei goht!

16. BENNO

Wer auf Benno baut,
kriegt viel Flachs und Kraut.

19. GERVASIUS

Regen auf Sankt Gervasius
vierzig Tage dauern muß.

21. ENGELMUND

Sankt Engelmund
tut den Sommer kund.

24. JOHANNES DER TÄUFER

Sankt Johann
schlägt der erste Mäher an.

Wenn die Johanniswürmchen glänzen,
bereiten die Bauern ihre Sensen.

Vor Sankt Johannis-Tag
Gerste man nicht loben mag.

Wie's Wetter zu Johanni war,
so bleibt's wohl vierzig Tage gar.

Wenn Johannes ist geboren,
gehn die langen Tage verloren.

Von Sankt Johann
läuft die Sonne winteran.

Kauf Holz Johannis,
willst du es haben Michaelis.

Ein kluger Mann
sorgt für Torf vor Sankt Johann.

An Sankt Johanni Abend leg
die Zwiebel in ihr kühles Beet.

Regen um Johannistag —
nasse Ernten man erwarten mag.

Vor Johannes bitt um Regen,
nachher kommt er ungelegen.

Regnet's an Johanni sehr,
sind die Haselnüsse leer.

Regen auf Johannestag
ist der Haselnüsse Plag.

Sankt Johannis Regengüsse
verderben uns die besten Nüsse.

Sankt Johannis Regengüsse
verderben uns die besten Nüsse.

Der Kuckuck kündet teure Zeit,
wenn er nach Johanni schreit.

Schreit der Gauch nach Sankt Johann,
kündet Mißwachs er uns an.

Am Johannestag
die erste Kirsch nach Hause trag.

Nach dem Tag von Sankt Johann
der Bauer die Gerste loben kann.

Bleicht der Roggen vor Johann,
fängt die Ernte düster an.

Vor Johanni Heu —
nach Johanni Streu.

Johannisregen —
kein Segen.

26. Vigilius

Regen um Vigilius
wochenlang oft dauern muß.

26. Johannes und Paulus

Sankt Paul und Sankt Johann
künden den Juli an.

27. Siebenschläfer

Ist Siebenschläfer ein Regentag,
dauert sieben Wochen die Plag.

Ist der Siebenschläfer naß,
regnet weiter's Himmelsfaß.

Siebenschläferregen
wird sich erst Laurenzi legen.

Regen an Sankt Siebenschläfer —
's Wetter 40 Tag nicht bräver.

28. IRENÄUS

Irenäusregen
bringt keinen Segen.

29. PETER UND PAUL

Ist es von Petrus bis Laurentius heiß,
dann bleibt's im Winter lange weiß.

Regnet's an Sankt Peterstag,
drohen dreißig Regentag.

Regnet es an Peter-Paul,
wird des Winzers Ernte faul.

Ist's an Peter-Pauli klar,
hoffe auf ein gutes Jahr!

Schön zu Paul —
füllt Taschen und Maul.

Mit reifen Kirschen füllt die Schüssel
Sankt Peter mit dem Himmelsschlüssel.

Peter und Paul
hauet einander aufs Maul.

Peter und Paul
machen dem Korn die Wurzel faul,
und nach vierzehn Tagen
muß es auf den Wagen.

Heuernte 1929

JULI

Juli kühl und naß —
leere Scheunen, leeres Faß.

So golden die Sonne im Juli strahlt,
so golden sich der Roggen mahlt.

Juli Sonnenstrahl —
gute Rübenzahl.

Wie der Juli war,
wird der Januar.

Was der Juli verbricht,
rettet der September nicht.

Was Juli und August nicht taten,
läßt der September ungebraten.

Macht im Juli die Ameis groß den Hauf,
folgt ein strenger Winter drauf.

Julisonnenbrand
gut für Stadt und Land.
Juliregen
nimmt den Erntesegen.

Wenn im Juli die Ameisen tragen,
wollen sie frühen Winter ansagen.

Im Juli Finkenschlag früh vor Tag
fleißig Regen bringen mag.

Was du an einem Tag versäumtest im Julei,
schaffen zehn Tage im August nicht herbei.

Im Juli muß vor Hitze braten,
was im September soll geraten.

Der Juli bringt die Sichel
für Hans und Michel.

134 JULI

Wechselt im Juli Regen und Sonnenschein,
wird die Ernte reichlich sein.

Wenn's im Juli bei Sonnenschein regnet,
man viel giftigem Mehltau begegnet.

Wer im Juli sich regen tut,
sorget für den Winter gut.

Wenn Juli fängt mit Tröpfeln an,
so wird man lange Regen han.

Regnet's zum Juli hinaus,
guckt der Bauer nicht gern aus dem Haus.

Hat's im Juli keinen Tau,
am Abend nach dem Regen schau.

Ein tüchtiges Juligewitter
ist gut für Winzer und Schnitter.

Wettert der Juli mit großem Zorn,
bringt er dafür reichlich Korn.

Nur in der Juliglut
gedeihen Obst und Wein dir gut.

Im Juli warmer Sonnenschein
macht alle Früchte reif und fein.

Im Juli will der Bauer schwitzen
und nicht hinter dem Ofen sitzen.

Bringt der Juli heiße Glut,
so gerät September gut.

Wenn im Juli die Immen noch bauen,
kannst du dich nach Holz und Torf umschauen.

Juli heiß
lohnt Müh und Schweiß.

Wird der Juli trocken sein,
kannst hoffen du auf guten Wein.

Ist's im Juli hell und warm,
friert's an Weihnacht Reich und Arm.

Juli viel Glut
macht alles gut.

Schnappt im Juli das Weidevieh nach Luft,
so riecht es schon Gewitterduft.

Wenn die Schwalben im Juli ziehen,
sie vor baldiger Kälte fliehen.

Bienenschwärme im Juli
lohnen kaum des Imkers Müh.

Siehst du die Katze gähnend liegen,
weißt du, daß wir Gewitter kriegen.

Die Schneck ein grünes Blatt mitführt,
es gewiß gut Wetter wird.
Beläd't sie sich mit Grund,
tut sie starken Regen kund.

Wenn Spinnen fleißig weben im Freien,
läßt sich Schönwetter prophezeien.

Wenn die Spinnen große Netze hängen,
geht das Wetter in die Längen.

Fangen die Spinnen an, ihr Netz zu vernichten,
an langen Fäden in Schlupflöcher zu flüchten,
so weiß man im Sommer ganz gewiß,
daß in Kürze mit Sturm zu rechnen ist.

Juliwolken —
fette Molken.

Wenn der Juli die Ähren wäscht,
klebt das Mehl an den Fingern fest.

Je näher der Pflug am Erntewagen,
desto besser wird die Nachfrucht tragen.

Bei Donner man im Julius
viel Regen noch erwarten muß.

Wenn's im Juli gibt große Ameisenhaufen,
kannst du nach Holz für den Winter laufen.

Wenn die Ameisen sich verkriechen,
werden wir bald Regen kriegen.

Wenn die Spinnen im Regen spinnen,
wird er nicht sehr lange rinnen.

Wer nicht geht mit dem Rechen,
wenn Fliegen und Bremsen stechen,
muß im Winter gehn mit dem Strohseil
und fragen: Hat jemand Heu feil?

Juli heiß und schwül
braucht der Hände viel.

Wer im Heuet nicht gabelt,
im Kornschnitt nicht zappelt,
im Herbst nicht früh aufsteht,
mag sehn, wie's ihm im Winter geht.

Im Juli schwitzen —
im Dezember sitzen.

Hört der Juli mit Regen auf,
geht leicht ein Teil der Ernte drauf.

2. MARIÄ HEIMSUCHUNG

Mariä Heimsuchung —
Mariä Heumachung.

Schnitter im Haberfeld, 1940

Fällt Regen am Heimsuchungstag,
zehn Tage lang er währen mag.

Mariä Heimsuchung mit Regen
tut sieben Wochen sich nicht legen.

Regen an Frauentag
vierzig Tage nicht aufhören mag.

Wie Maria über das Gebirge geht,
so vierzig Tage das Wetter steht.

Wie Maria ins Gebirge zieht ein,
so wird der ganze Juli sein.

Geht Maria übers Gebirg bei Sonnenschein,
so wird der Juli trocken sein.

Regnet's am Tag unserer lieben Frauen,
da sie das Gebirg tät beschauen,
so wird sich das Regenwetter mehren
und vierzig Tag nacheinander währen.

Wie Maria fortgegangen,
wird Magdalena sie empfangen.

4. ULRICH

Ulrich und Veit
tun nie wie die Leut.

Ulrich und Veit (15. 6.)
send boide it g'scheit.

Sankt Ulrich zeigt an,
wie's um d'Ernt wird stahn.

8. KILIAN

Sankt Kilian, der heilige Mann,
stellt die ersten Schnitter an.

An Sankt Kilian
sä' Wicken und Rüben an.

Sankt Kilian —
Rübenmann.

Zu Kilian
schneid't jedermann.

10. SIEBENBRÜDER

Siebenbrüder Regen
bringt weder Nutz noch Segen.

Regnet's am Siebenbrüdertag,
gibt's sieben Wochen Regenplag.

Das Wetter am Siebenbrüdertag
sieben Wochen so bleiben mag.

Sitzen die Siebenbrüder im Wasser,
werden sie sieben Wochen immer nasser.

Die sieben Brüder 's Wetter machen,
ob sie weinen oder lachen.

Sind die Siebenbrüder naß,
regnet's ohne Unterlaß.

14. BONAVENTURA

Bonaventuraregen
für den Bauern kein Segen.

17. ALEXIUS

Regen an Alexe
wird zur alten Hexe.

20. ELIAS

Regnet's am Tage Elias,
gibt's viel Mehltau und Mäusefraß.

20. MARGARETE

Die erste Birn bricht Sankt Margaret,
drauf überall die Ernt angeht.

Margaretenregen —
kein Segen.

Regen an Margaretentag —
viel Plag.

Wie das Wetter an Margaret,
dasselbe so vier Wochen steht.

Hat Margaret keinen Sonnenschein,
kommt das Korn nie trocken ein.

Bringt Margaret Regen statt Sonnenschein,
kommt die Ernte schlecht herein.

Regen am Margaretentag
sagt dem Hunger guten Tag.

Regnet's auf Sankt Margaret,
Obst und Nuß schlecht gerät.

Bringt Margarete Regenzeit,
verderben Most und Nuß weit und breit.

Margarete
bringt den Flachs auf die Beete.

Die Margret lügt uns an,
der Jakob ist ein g'wisser Mann.

Um Margareten und Jakoben
die allerärgsten Wetter toben.

Margaretentag
beißt dem Korn die Wurzel ab.

22. MARIA MAGDALENA

An Magdalena regnet's gern,
weil sie weint' um ihren Herrn.

Magdalenen
fehlt's nicht an Tränen.

Regnet's am Magdalenentag,
folgt gewiß mehr Regen nach.

23. APOLLINARIUS

Klar muß Apollinaris sein,
dann wird sich der Bauer freun.

25. WILLEBOLD

Sankt Willebold
ist den Bauern hold.

25. JAKOBUS DER ÄLTERE

Jakobi klar und rein —
wird das Christfest frostig sein.

Jakobus in seiner hellen Gestalt
macht den Winter kalt.

Ernte 1929

Um Jakobi hell und warm —
friert man auf Weihnacht bis in den Darm.

Sonn an Jakobi Tag —
Weihnacht große Klag.

Ist's zu Jakobi hell und schön,
muß man Weihnachten zum Ofen gehn.

Ist's Jakobi dürr,
geht der Wind ins Gschirr.

An Jakobi d'Eichel raus,
oder's wird nix draus.

Ist's schön auf Sankt Jakobi Tag,
viel Frucht man sich versprechen mag.

Jakobi Erdäpfel und Gurkensalat —
wird Herrn und Knecht zu eng die Naht.

Schäfchenwolken an Jakobitag —
viel Schnee im Winter fallen mag.

Sankt Jakob nimmt hinweg all Not,
bringt erste Frucht und frisches Brot.

Sankt Jakob
schüttet's Mehl in den Backtrog.

Zu Jakobi werden die Äpfel gesalzen,
zu Bartholomä geschmalzen.

Zu Jakoben
wachsen die Rüben unten und oben.

Jakobi heiß
lohnt Mühe und Schweiß.

Vor Jakobi Regen —
kein Erntesegen.

Ist Jakobus am Ort,
ziehn die Störche bald fort.

Sankt Anna klar und rein —
wird bald das Korn geborgen sein.

Wenn Jakobi tagt,
werden die jungen Störche vom Nest gejagt.

Nach Jakob und Anne
solltet d'Traube hange.

Um Jacobi heiß und trocken —
kann der Bauersmann frohlocken.

Sankt Anne
leert aus die Kanne.

Fällt vor Jakob die Blüte vom Kraut,
der Bauer schlechte Kartoffeln baut.

Der Sankt Ann
regnet's end' Muspfann.

Wenn der Kuckuck um Jakobi schreit,
wird es eine teure Zeit.

Wenn Ameisen aufwerfen am Annatag,
ein harter Winter folgen mag.
Baut die Ameise hoch ihr Haus,
fällt der Winter trocken aus.

26. ANNA

Ist Sankt Anna erst vorbei,
kommt der Morgen kühl herbei.

Anna warm und trocken
macht den Bauern frohlocken.

HUNDSTAGE
23. JULI—24. AUGUST

Was die Hundstage gießen,
muß die Traube büßen.

Mitte Juli die Sonne in den Löwen geht —
größte Hitze bald danach entsteht.

Hundstage heiß —
Winter lange weiß.

Hundstage hell und klar
deuten auf ein gutes Jahr;
werden Regen sie bereiten,
kommen nicht die besten Zeiten.

Wie die Hundstage beginnen,
so ziehen sie wieder von hinnen.

Wie die Hundstage stehn ins Haus,
gehen sie auch wieder aus.

Wie die Hundstage enden,
sie den Herbst meist spenden.

Hundstage hell und heiß —
dann bangt's im Winter jeder Geiß.

Sind die Hundstage heiß,
kostet's den Bauer viel Schweiß;
aber nach aller Hitzen
wird er im Trockenen sitzen.

Der Hundsstern aufgeht mit trübem Glanz,
bringt allzeit gerne Pestilanz.
Erzeigt er sich aber hell und klar,
läßt hoffen er gesundes Jahr.

Kornernte, 1935

AUGUST

Heiß der August —
des Bauern Lust.

Wenn im August viele Goldkäfer laufen,
braucht der Wirt den Wein nicht taufen.

Der August vergeht,
indem der Bauer mäht.

Wer schläft im August,
der schläft zu seinem Verlust.

Der August reift —
der September greift.

Wenn's im August nicht regnet,
ist der Winter mit Schnee gesegnet.

August — Anfang heiß,
Winter lang und weiß.

Wenn's im August regenlos abgeht,
das Pferd mager vor der Krippe steht.

Ist's im August recht hell und heiß,
lacht der Bauer in vollem Schweiß.

Gibt's im August keine Garben,
wird man im Winter darben.

Der August muß Hitze haben,
sonst wird der Obstsegen begraben.

Einer Reb und einer Geiß
wird's im August nie zu heiß.

Viel August-Sonnenschein —
guter Wein.

Im August Höhenrauch —
folgt ein strenger Winter auch.

152 AUGUST

Wenn's im August stark tauen tut,
so bleibt das Wetter meistens gut.

Der Tau tut dem August so not
wie jedermann sein täglich Brot.
Entzieht er sich gen Himmel,
herab kommt ein Getümmel.

Im August Wind aus Nord
jagt unbeständigs Wetter fort.

Der Bauer nicht gern schaut,
wenn's im August mehltaut.

Wettert es viel im August,
du nassen Winter erwarten mußt.

Stürmt es im August —
weder Wein noch Most.

Im August viel Regenschauer
sind Verdruß für jeden Bauer.

Richt Äcker im August zur Wintersaat,
sammle Eier ein, soviel dein Vorrat hat.

Im August viel Regen —
dem Wein kein Segen.

Dem August sind Donner nicht Schande;
sie nützen der Luft und dem Lande.

Je mehr Regen im August,
je weniger Rebenlust.

Fängt August mit Donnern an,
er's bis zum End nicht lassen kann.

Im August beim ersten Regen
pflegt die Hitze sich zu legen.

Bläst im August der Nord,
dauert gutes Wetter fort.

Wenn's im August aus Norden weht,
beständiges Wetter vor dir steht.

Macht der August uns heiß,
bringt der Winter uns viel Eis.

August ohne Feuer —
das Brot teuer.

Je dicker die Regentropfen im August,
desto dünner wird der Most.

Bei rotem Mond und hellem Sterne
sind Gewitter gar nicht ferne.

Was der August nicht vermocht,
kein September mehr kocht.

Wenn der Kuckuck im August noch schreit,
gibt's im Winter teure Zeit.

Wenn's nicht donnert und blitzt,
wenn der Schnitter nicht schwitzt,
wenn der Regen lang,
wird dem Bauern bang.

Der August
gibt den Guscht.

Hat der August viel Sonnengold,
ist er dem fleißigen Winzer hold.

Im August am Morgen Regen —
wird vor Mittag sich nicht legen.

Wenn im August
schon die Schwalben ziehn,
sie vor dem nahen Winter fliehn.

Wie der August geht,
der September meist steht.

Augustende —
Herbstwende.

1. PETRI KETTENFEIER

Von Petrus bis Laurentius heiß —
bleibt der Winter lange weiß.

3. LYDIA

Wenn Lydia den Himmel rötet,
Regen bald die Hitze tötet.

Lydiatau
macht den Himmel blau.

4. DOMINIKUS

Hitze an Dominikus —
streng der Winter werden muß.

Dominik
wachsen die Rüben dick.

Je mehr Dominikus schürt,
um so mehr man im Winter friert.

5. OSWALD

Zu Oswald
wachsen die Rüben bald.

Oswaldtag muß trocken sein,
sonst wird teuer Korn und Wein.

Ernte 1935

5. MARIÄ SCHNEE

Regen an Mariä Schnee
tut dem Korn tüchtig weh.

6. CHRISTI VERKLÄRUNG

Wenn der Herr auf Tabor steht,
der Bauer sein Getreide mäht.

Wenn beim Berggang des Herrn
die Sonne strahlt,
golden sich der Roggen mahlt.

7. AFRA

An Sankt Afra Regen —
dem Bauern ungelegen.

10. LAURENTIUS

Ab Laurentius
man pflügen muß.

Lorenz im Sonnenschein —
wird der Herbst gesegnet sein.

Nach Lorenz' Ehr
wächst 's Holz nicht mehr.

Nach Sankt Lornz ist's nicht gut,
wenn's Rebenholz noch treiben tut.

Ist's hell um den Laurentiustag,
viel Früchte man sich versprechen mag.

Ist's Wetter an Sankt Lorenz schön,
so läßt ein guter Herbst sich sehn.

Laurentius heiter und gut
schönen Herbst verheißen tut.

Regnet's am Laurentius-Tag.
gibt es große Mäuseplag.

Schöner Lorenz
macht den Herbst zum Lenz.

Rübe gsät an Lorenz
gebet bloß no Schwänz.

Wer Stoppelrüben will essen,
muß Lorenz nicht vergessen.

Ist der Lorenz gut und fein,
wird es auch die Traube sein.

Ist Laurentius ohne Feuer,
gibt's ein kaltes Weinchen heuer.

Um Sankt Lorenz Sonnenschein —
gut das Jahr und gut der Wein.

Sankt Lorenz mit heißem Hauch
füllt dem Winzer Faß und Schlauch.

Sollen Trauben und Obst sich mehren,
müssen mit Lorenz die Gewitter aufhören.

Der heilige Lorenz
schlägt d'Störch auf d'Schwänz.

Wie Lorenz und Barthel sind,
wird der Herbst — sei's rauh, sei's lind.

Sind Lorenz und Barthel schön,
wird der Herbst auch gut ausgehn.

Sankt Lorenz kommt in finster Nacht
ganz sicher mit Sternschnuppenpracht.

Lorenz gibt dem Obst das Salz,
Bartholomäus dann das Schmalz.

Sind Lorenz und Barthel schön,
bleiben die Kräuter lang noch stehn.

Lorenz steht beim Bauern in Gnaden,
weil die Gewitter nicht mehr schaden.

11. KLARA

Wie Sankt Klara sich verhält,
ist zumeist der Herbst bestellt.

13. KASSIAN

Das Wetter von Sankt Kassian
hält bis zum Frauentage (15. 8.) an.

13. HIPPOLYT

Wie das Wetter an Hippolyt,
so es mehrere Tag geschieht.

Regnet es an Hippolyt,
einige Tage lang es schütt.

15. MARIÄ HIMMELFAHRT

Wer Rüben will, recht gut und zart,
sä' sie an Mariä Himmelfahrt.

Schön Wetter zu Mariä Himmelfahrt
verheißt uns Wein von bester Art.

Scheint die Sonn nach ihrer Art
an unserer Frauen Himmelfahrt,
ist's ein gut Zeichen bei den Leuten,
wird viel guten Wein bedeuten.

Mariä Himmelfahrt Sonnenschein —
viel und guter Wein.

Um Mariä Himmelfahrt, das wisse,
gibt's die ersten Haselnüsse.

Hat unsere Frau gut Wetter,
wenn sie zum Himmel fährt,
sie schöne Tage uns beschert.

16. ROCHUS

Wenn Sankt Rochus trübe schaut,
kommt die Raupe in das Kraut.

20. BERNHARD

Wie Sankt Bernhard ist,
der September mißt.

Sankt Bernhard schön —
guter Herbst vorauszusehn.

21. BALDUIN

Um Sankt Balduin
die ersten Vögel südwärts ziehn.

24. BARTHOLOMÄUS

Bartholomä
bringt Läus und Flöh.

Bartholomä
treibt's Kraut en d'Höh.

Bartholomä Regen —
Kartoffelsegen.

Spätsommer, 1935

Gewitter an Bartholomä —
schädlich für Raps und Klee.

Bartholomä hat's Wetter parat
für den Herbst bis zur Saat.

Zu Sankt Bartholomä,
Winterroggen sä'.

Bartholomätag
schüttlet Äpfel ond Bira rab.

Bleiben Störche und Reiher nach Bartholomä,
kommt ein Winter, der tut nicht weh.

Gewitter um Bartholomä
bringen Hagel gern und Schnee.

An Bartholomä Regen —
im Herbst kein Segen.

Bartholomäus
pflückt die Nuß.

Barthelmä
Bauer sä',
's Grummet mäh!

Bartholomä voll Sonnenglut —
Wein und Reben stark und gut.

Zu Bartholomäus, sieh,
da knickt der Hafer in die Knie.
Wer Roggen hat, der sä,
wer Grummet hat, der rech,
wer Äpfel hat, der brech,
wer Birnen hat, der rüttel,
wer Zwetschgen hat, der schüttel!

Wie Bartholomäitag sich hält,
ist der ganze Herbst bestellt.

Sankt Barthlome —
koine Brehma meh!

Sankt Barthlome —
koine Brehma meh!

Kommt Sankt Bartholomä
wird den Vögeln Angst und Weh.

Bartholomä
schütt' kalt Wasser in den See.

Bartholomä —
Herbst in der Näh.

Bartholomä kennt niemals Not,
der Bauer backt schon neues Brot.

Barthleme schür —
heut vierzehn Tag ist's an dir.

Bartholome
bringt a Grättle voll Schnee.

Wer Barthlemai it öhmda ma,
der soll öhmda, wenn er's ka.

25. LUDWIG

An Ludwig schon die Schwalben ziehn,
wenn im März die Veilchen blühn.

Ludwig sammelt allenthalben
für die Reise schon die Schwalben.

27. GEBHARD

Um den Gebhardstag
tuts den letzten Donnerschlag.

Wie Gebhard macht sei G'sicht,
so der ganze Herbscht sich richt.

28. AUGUSTINUS

Um Sankt Augustin
ziehn die letzten Wetter hin.

Um die Zeit von Augustin
ziehn die warmen Tage hin.

Nach Sankt Augustin
die Störche südwärts ziehn.

30. FELIX

Wenn Felix nicht glückhaft,
der Michel kein' Wein schafft.

Bischof Felix zeiget an,
was vierzig Tag wir Wetter han.

erbst 1948

SEPTEMBER

Septemberwetter warm und klar
verheißt ein gutes nächstes Jahr.

Septemberregen —
nie ungelegen.

Septemberregen —
dem Bauern Segen,
dem Winzer Gift,
wenn er ihn trifft.

Ein warmer September
ist des Jahres Spender.

September lind —
der Winter ein Kind.

Im September schwitzen —
im Dezember sitzen.

Donnert's im September noch,
liegt der Schnee zu Weihnacht hoch.

Lieber im September heuen
als im Maien.

Im September Wässerung
ist der Wiesen Besserung.

September schön in den ersten Tagen
will schön den ganzen Herbst ansagen.

September warm und klar —
fruchtbar Jahr.

Wenn der September noch donnern kann,
setzen die Bäum viele Blüten an.

Nach Septembergewittern
wird man im Winter vor Kälte zittern.

Ist der September reich an Regen,
gereicht das Naß der Saat zum Segen.

Nie hat der September zu braten vermocht,
was der August nicht vorher gekocht.

Warmer und trock'ner Septembermond
mit vielen Früchten reichlich belohnt.

Im September große Ameisenhügel —
strafft der Winter schon die Zügel.

Wenn im September viel Spinnen kriechen,
sie einen harten Winter riechen.

Wie im September der Neumond tritt ein,
wird das Wetter den Herbst durch sein.

Scharren die Mäuse tief sich ein,
wird ein harter Winter sein.

Im September viel Schleh —
im Winter viel Schnee.

Späte Rosen im Garten
lassen den Winter warten.

Viel Eicheln im September —
viel Schnee im Dezember.

Sieht man die Zugvögel zeitig ziehn,
sie vor baldiger Kälte fliehn.

Schaffst du im Herbst nicht in Speicher
und Keller,
guckst du im Winter in leere Teller.

Baumblüten im Spätjahr
deuten ein gut Jahr.

Fällt das Laub zu bald,
wird der Herbst nicht alt.

Ein Herbst warm und klar
ist gut fürs nächste Jahr.

Warme Nächte bringen Herrenwein —
bei kalten wird er sauer sein.

Durch des Septembers bunten Blick
schaut noch einmal der Mai zurück.

Viel Nebel im September über Tal und Höh
bringen im Winter tiefen Schnee.

Sitzen die Birnen fest am Stiel,
bringt der Winter Kälte viel.

Bleiben die Schwalben lange,
sei vor dem Winter nicht bange!

Ziehen die wilden Gänse weg,
fällt der Altweibersommer in den Dreck.

Soll September den Bauern erfreun,
muß er gleich dem Märzen sein.

Frische Septemberluft
den Jäger zum Jagen ruft.

1. AEGIDIUS

Wenn Sankt Aegidius bläst ins Horn,
so heißt es: Bauer, sä' dein Korn!

Aegidi säe Korn ins Feld —
Michaelissaat am besten fällt.

Ist Aegid ein heller Tag,
ich dir schönen Herbst ansag.

Gib auf Aegiditag wohl acht —
er sagt dir, was der Monat macht.

Aegidius gut —
Bauer sitz auf den Pflug,
iß Käs und Brot,
's Säen tut nicht not.

Willst du Korn im Überfluß,
sä' es um Aegidius;
wenn du's säst ins freie Land
vor und nach des Neumonds Stand,
wächst kein Unkraut und kein Brand.

Wie an Sankt Aegidius
vier Wochen das Wetter bleiben muß.

Sankt Aegidius Sonnenschein —
vier Wochen hell und rein.

Ist's an Sankt Aegidi rein,
wird's so bis Michaeli sein.

1. VERENA

Wie auf Aegidi das Wetter sich stellt,
den ganzen Monat es noch hält.

Kommt Verena mit dem Krüglein an,
zeigt einen nassen Herbst dies an.

Aegidi Sonnenschein —
vielen und guter Wein.

Ist Sankt Verena ein heiterer Tag,
guter Herbst stets folgen mag.

Ist's an Aegidi klar und hell,
so reift der Weinstock rasch und schnell.

Wenn d'Vrene falla loht,
geit's a Masse Soot.

Drainage II, 1934

Vrenele am Roi
trait's Obedessa hoi.

6. MAGNUS

Sankt Mang
schlägt's Kraut mit d'r Stang.

Sankt Mang
sät den ersten Strang,
Mariä Geburt
sät furt.

7. REGINE

Ist Regine warm und wonnig,
bleibt das Wetter lange sonnig.

8. MARIÄ GEBURT

Maria geborn —
Bauer, sä' dein Korn!

An Mariä Geburt
ziehen die Schwalben furt;
bleiben sie da,
ist der Winter nicht nah.

Wenn's zu Mariä Geburt nicht regnet,
bleibt des Bauern Tisch gesegnet.

Mariä Geburt
bringt d'Birn in d'Hurt.

Mariä Geburt
keit d' Same furt.

Wer vor Mariä Geburt it öhmde ma,
mueß danach öhmde, wia er ka.

Wann Maria, die Jungfrau, geboren ist,
sä' dein Korn, 's ist rechte Frist!

Wird Mariä Geburt gesät,
ist's nicht zu früh und nicht zu spät.

Wie sich's Wetter an Maria Geburt
tut verhalten,
so wird's sich weitere vier Wochen
gestalten.

9. GORGON

Sankt Gorgon
treibt die Lerchen davon.

Regnet es an Sankt Gorgon,
ist der Oktober ein Dämon.

Bringt Sankt Gorgon Regen,
folgt ein Herbst mit bösen Wegen.

Ist's an Gorgon schön,
bleibt's sechs Wochen stehn.

11. PROTUS

Wenn's an Protus nicht näßt,
ein dürrer Herbst sich erwarten läßt.

12. MARIÄ NAMEN

An Mariä Namen
sagt der Sommer Amen.

13. TOBIAS

Um Tobias, wisse,
gibt's die ersten Nüsse.

13. NOTBURGA

An Sankt Notburga Sonne —
des Bauern Wonne.

14. KREUZERHÖHUNG

Am Kreuzerhöhungstag
treibt man's Vieh aus dem Hag.

Ist Sonn' am Kreuzerhöhungstag,
folgt ein strenger Winter nach.

Kreuzerhöhung hell
folgt der Winter schnell.

15. SIEBENSCHMERZENFEST

Wenn Maria lacht,
folgt ein Herbst voll Pracht.

16. CORNELIUS UND CYPRIAN

Um Cornelius und Cyprian
fangen die langen Nächte an.

16. LUDMILLA

Sankt Ludmilla, das fromme Kind,
bringt gern Regen mit und Wind.

17. HILDEGARD

Hildegard, die heilige Frau,
kündigt an den Herbst genau.

17. LAMBERT

Lamberti nimm die Kartoffeln heraus,
doch breite ihr Kraut auf dem Felde aus;
der Boden will für seine Gaben
doch ihr Gerippe wieder haben.

Trocken wird das Frühjahr sein,
ist Sankt Lambert klar und rein.

21. MATTHÄUS

Tritt Matthäus ein,
soll die Saat vollendet sein.

Wie's Matthäus treibt,
es vier Wochen bleibt.

Wenn Matthäus weint statt lacht,
Essig aus dem Wein er macht.

An Mattheis
Kastanien fallen haufenweis.

Nach dem Matthäustag
nicht viel nach schönen Tagen frag.

Tritt Matthäus stürmisch ein,
wird's ein kalter Winter sein.

eldarbeit 1947

Matthäuswetter hell und klar —
guter Wein im nächsten Jahr.

Matthis
macht die Birn süß.

Am Tage von Sankt Matthäi
die Mütze über die Ohren zieh!

Die Wintersaat gar wohl gerät,
wenn man um Matthäus sät.

22. MAURITIUS

Zeigt sich klar Mauritius,
viele Stürm er bringen muß.

Gewitter um Mauritius
bringen Schaden und Verdruß.

25. KLEOPHAS

Nebelt's an Sankt Kleophas,
wird der ganze Winter naß.

25. NIKOLAUS VON DER FLÜE

Sankt Klaus
schickt die Stürme aus.

Nikolaus von der Flüe
treibt vom Berg die Kühe.

26. KOSMAS UND DAMIAN

Sankt Kosmas und Sankt Damian
fangen das Laub zu färben an.

Kosmas und Damian
zünden die Lichter an.

28. WENZESLAUS

So viel Fröst vor Wenzeslaus,
so viel fallen nach Jakobi aus.

Sankt Wenzeslaus
treibt's Vieh ins Haus.

Wenzeslaus —
Sommer aus.

29. MICHAEL

Michel
nemmt d'Sichel.

Wer michelt,
der sichelt.

Donnert der Michel,
arbeitet d'Sichel.

Sankt Michael zündet's Lämpchen an,
damit das Mädchen spinnen kann.

Michael steckt das Licht an —
das Gesind muß zum Spinnen heran.

Fallen die Eicheln vor Michael ab,
so steigt der Sommer früh ins Grab.

An Michaele
tut man die Nuß aus der Höhle.

Wenn Michael viel Eicheln bringt,
Weihnachten mit Schnee er düngt.

Michaeli kauf am besten Vieh,
doch brich den Verkauf nicht übers Knie!

An Michaeli
kauft man gut Vieh.

Stehn zu Michel die Fische hoch,
kommt viel schönes Wetter noch.

Von Michaeli bis Sankt Gall
säe auf gar keinen Fall!

Um Michaeli, in der Tat,
gedeiht die beste Wintersaat.

Um Michaeli die Saat
ist nicht zu früh und nicht zu spat.

Ist Sankt Michael vorbei,
sind die Wiesen alle frei.

Wenn an Michel die Schlehen blauen,
muß man nach den Trauben schauen.

Michael mit Nord und Ost
deutet auf gar strengen Frost.

Kommt Sankt Michael mit Regen,
kann man im Winter den Pelz anlegen.

Kommt Sankt Michael heiter und schön,
wird es noch vier Wochen so gehn.

Regnet's sanft an Michaelstag,
nasser Herbst gern folgen mag.

Sankt Michael und Gallus Regen —
Frühling und Sommer trocken legen.

Regnet's Sankt Michel und Gallus nicht,
der Bauer sich trockenes Frühjahr verspricht.

Regnet's an Michaelistag,
ein milder Winter kommen mag.
Wenn der Wind kalt weht,
ein harter Winter vor der Türe steht.

Wenn an Michael
der Wind geht von Franken,
so müssen die Schäfer
ums Heu sich zanken.

Ist's nachts vor Michael recht hell,
kommt ein Winter kalt zur Stell.

Wenn die Vögel nicht ziehen
vor Michael furt,
so wird nicht Winter
vor Christi Geburt.

Michaeliwein —
süß und fein.

Michaeliwein — Herrenwein;
Gallewein — Lallewein.

Michel heizen viele — Galle
alle.

Soviel Reif und Schnee vor Michaeli fällt,
solange das Eis nach Georgi hält.

Sind die Zugvögel nach Michaelis noch hier,
steht kein harter Winter vor der Tür.

Es holt herbei Sankt Michael
die Lampe wieder und das Öl.

Michaelitag
spricht dem Fuchs das Leben ab.

Rübenernte, 1942

Wenn Michael das Wetter gut,
steckt der Schäfer eine goldene Feder an den
Hut.

30. HIERONYMUS

Sankt Hieronymus
macht mit dem Altweibersommer Schluß.

OKTOBER

Schneit's im Oktober gleich,
wird der Winter weich.

Oktoberschnee
tut Pflanzen und Tieren weh.

Ist der Oktober warm bestallt,
so wird der Februar recht kalt.

Warmer Oktober bringt, fürwahr,
uns sehr kalten Februar.

Oktober und März
gleichen sich allerwärts.

Wie der Oktober wittert,
so der März ausfüttert.

Oktoberwetter zeigt stets an,
wie's künftig um den März will stahn.

Ist der Oktober warm und fein,
kommt ein scharfer Winter drein;
ist er aber naß und kühl,
mild der Winter werden will.

Wie im Oktober die Regen hausen,
so im Dezember die Stürme brausen.

Viel Regen im Oktober —
viel Schnee im Dezember.

Im Oktober der Nebel viel —
bringt der Winter Flockenspiel.

Oktober geht ein rauher Wind —
dann wärm am Suser dich geschwind!

Im Oktober Wind
frühen Winter kündt.

190 OKTOBER

Wenn im Oktober das Wetter leuchtet,
noch mancher Sturm den Acker feuchtet.

Oktobermück
bringt keinen Sommer zurück.

Gewitter im Oktober künden,
daß du wirst nassen Winter finden.

Oktober kalt
tötet's Ungeziefer bald.

Zu Ende Oktober Regen
bringt ein fruchtbar Jahr zuwegen.

Falln im Oktober die Blätter beizeit,
folgt ein Jahr voll Fruchtbarkeit.

Oktobergewitter sagen beständig,
der kommende Winter sei wetterwendig.

Hält der Oktober das Laub,
liegt in der Christnacht noch Staub.

Oktoberhimmel voll Stern
hat warme Öfen gern.

Hält der Baum die Blätter lang,
macht ein später Winter bang.

Oktobersonne kocht den Wein
und füllt auch große Körbe ein.

Sitzt im Oktober das Laub noch am Baum,
fehlt ein strenger Winter kaum.

Durch Oktobermücken
laß dich nicht berücken!

Bleibt im Oktober das Laub am Ast,
viel Ungeziefer du zu fürchten hast.

Kartoffelfeuer, 1942

Wenn der Eichbaum sein Laub behält,
folgt ein Winter mit strenger Kält.

Hält Birk und Weid ihr Gipfellaub lange,
ist zeitiger Winter und gut Frühjahr im Gange.

Fällt im Oktober das Laub sehr schnell,
ist der Winter bald zur Stell.

Sitzt im Oktober das Laub fest an den Ästen,
kommt der Winter mit starken Frösten.

Das ist ein hartes Winterzeichen,
will's Laub nicht von den Bäumen weichen.

Bringt Oktober schon Frost und Schnee,
schrein übern Winter wir Ach und Weh.

Bringt der Oktober Frost und Wind,
wird der Januar gelind;
ist er aber naß und kühl,
wild der Winter werden will.

Bringt der Oktober Frost und Schnee,
tut der Winter nicht allzu weh.

Im Oktober viel Frost und Wind —
ist der Winter wie ein Kind.

Ist der Oktober kalt und klar,
erfrieren die Raupen fürs nächste Jahr.

Oktober kalt
gebietet dem Raupenfraße halt.

Wenn's im Oktober friert und schneit,
bringt der Januar milde Zeit.

Oktober-Nordlicht, glaubt es mir,
verkündet harten Winter dir.

Baumblüten, die im Herbste kommen,
künftigem Sommer die Frucht genommen.

194 OKTOBER

Bellt der Fuchs im grünen Wald,
stellt sich ein der Regen bald.

Kommt die Feldmaus in das Dorf,
sorge bloß für Holz und Torf.

Stößt der Maulwurf große Haufen,
wird der Winter kalt verlaufen.

Ist die Krähe nicht mehr weit,
ist's zum Säen höchste Zeit.

Wenn die Bienen zeitig verkitten,
kommt ein harter Winter geritten.

Trägt der Has im Oktober sein Sommerkleid,
ist der Winter wohl noch weit.

Geht der Hirsch in die Brunft,
säe Korn mit Vernunft!

Wenn Buchenfrüchte geraten wohl,
Nuß- und Eichbaum hängen voll,
so folgt ein harter Winter drauf
und fällt der Schnee mit großem Hauf.

Oktoberdonner hat die Kraft,
daß er viel Getreide schafft.

Fällt der erste Schnee in den Schmutz,
vor strengerem Winter kündet er Schutz.

Halten die Krähen Konvivium,
sieh nach Feuerholz dich um!

Im Oktober
sind die Pferde pober.

Hat der Oktober viel Regen gebracht,
hat er die Gottesäcker bedacht.

Oktobergewitter —
Leichenbitter.

Der Bauer pflügt umsonst die Erde,
spricht der Herr nicht gütig: Werde.

Je rauher der Hase,
desto bälder friert die Nase.

Sind im Oktober viel Spinnen im Haus,
weht der Winter mit hartem Graus.

Oktober rauh —
Januar flau.

Mengt der Oktober sich in den Winter,
so ist dieser umso gelinder.

Wenn der Zugvogel zeitig geht,
der Winter vor der Türe steht.

Scharrn im Oktober die Mäus tief sich ein,
wird's ein langer Winter sein;
aber viel härter wird er noch,
wenn die Ameisen bauen hoch.

Siehst Du fremde Wandervögel,
wird es kalt nach alter Regel.

Ist im Oktober das Wetter hell,
bringt es her den Winter schnell.

Nordlichtschein
bringt Kälte ein.

Ist der Oktober freundlich und mild,
wird der März rauh und wild.

Oktobers Ende
reicht allen Heilgen die Hände.

1. REMIGIUS

Regen an Sankt Remigius
bringt für den ganzen Mond Verdruß.

2. LEODEGAR

Fällt das Laub auf Leodegar,
ist das nächste ein fruchtbar Jahr.

Wind an Leodegar
kündet an ein fruchtbar Jahr.

4. FRANZ VON ASSISI

Sonne an Sankt Franz
geit em Wei dr Glanz.

6. BRUNO

Sankt Bruno, der Kartäuser,
läßt Fliegen in die Häuser.

Bruno der Kartäuser
treibt die Mäus in d'Häuser.

9. DIONYS

Regnet es auf Dionys,
wird der Winter hart gewiß.

14. BURKHARD

Burkhardi Sonnenschein
schüttet Zucker in den Wein.

Herbst, 1938

15. THERESIA VON AVILA

Theres
bringt die Weinles.

16. GALLUS

Galles —
schaff heim alles!

An Sankt Gall
ernte die Rüben all.

Auf Sankt Gallen-Tag
muß jeder Apfel in den Sack.

Sankt Gall
treibt die Kuh in den Stall.

Galle vorbei —
Gärten frei.

Gallus vorbei —
Birnen und Äpfel frei.

Nach Sankt Gallen-Tag
man den Nachsommer erwarten mag.

Sankt Gallen
läßt den Schnee fallen,
treibt die Kuh in den Stall,
in den Sack der Apfel fall.

An Sankt Gall
pflüg auf dem Berg und sä' im Tal!

Wenn Gallus kommt, hau ab den Kohl —
er schmeckt im Winter trefflich wohl.

Zu Galle
sind die Vögel alle.

Regnet's am Gallustage nicht,
im Frühling es an Regen gebricht.

Gießt Sankt Gallus wie ein Faß,
ist der nächste Sommer naß.
Ist er aber trocken,
folgt vom Sommer noch ein Brocken.

Regnet's an Sankt Gallen-Tag,
ein nasser Frühling folgen mag.

An Sankt Galle
hot elles en Balle.

Gallus naß —
für die Wiesen kein Spaß.

Wie Sankt Gallus es tut verkünden,
wird sich der nächste Sommer finden.

Muß Gallus Buttenträger sein —
schlechtes Zeichen für den Wein.

Galle mit em Ofeglotz
brengt da Wenter uff'm Kopf.

Wenn am Gallustag Regen fällt,
der Regen sich bis Weihnacht hält;
ist's an Sankt Gallus aber heiter,
hellt es bis Weihnachten noch weiter.

16. HEDWIG

Nach Sankt Hedwig und Sankt Gall
schweigt der Vögel Sang und Schall.

Hedwig und Galle
machen das schöne Wetter alle.

Hedwig und Galle
machen mitnander den Lalle.

Sankt Hedwig und Sankt Gall
treiben das Vieh in den Stall.

18. LUKAS

Sankt Lukas, Evangelist,
bringt Spätroggen ohne Mist.

Wer an Lukas Roggen streut,
es im Jahr drauf nicht bereut.

Von Lukas bis Sankt Simonstag
zerstör der Raupennester Plag.

Ist Lukas mild und warm,
kommt der Winter, daß Gott erbarm.

Sieht's Lukas zwischen den Stoppeln keimen,
wird das Korn zu gedeihen nicht säumen.

Wenn zu Sankt Lukas der Gänserich schreit,
hat's noch zehn Wochen bis Weihnachtszeit.

20. WENDELIN

Sankt Wendelin, verlaß uns nie,
schirm unsern Stall,
schütz unser Vieh.

Sankt Wendelein
läßt's Vieh herein.

Sankt Wendelin
läßt die Herden zieh'n.

Um Sankt Wendelin
geht der schöne Herbst dahin.

21. URSULA

An Ursula muß das Kraut herein,
sonst schneien Simon und Juda drein.

Sankt Ursulas Beginn
zeigt auf den Winter hin.

23. SEVERIN

Wenn's Sankt Severin gefällt,
bringt er mit die erste Kält.

25. KRISPIN

Zu Krispin
werden die Fliegen hin.

28. SIMON UND JUDAS

Sind Simon und Judas vorbei,
ist der Weg für den Winter frei.

Simon und Jude
werfet Schnee auf d'Bude.

Simon und Judas
fegen das Laub in d'Gass.

Schneid ab das Kraut,
bevor es Judas klaut!

Baum in Herbstlandschaft, 1948

Weizen gesät am Simonstage
trägt gold'ne Ähren ohne Frage.

Wenn zu uns Simon und Judas wandeln,
wollen sie mit dem Winter handeln.

Wenn Simon Judas schaut,
so pflanze Bäume, schneide Kraut!

Simon und Judas, die zwei,
führen oft den Schnee herbei.

Sankt Simon und Sankt Jude
treiben den Feldhüter aus der Bude.

Simon und Juda kein Regen da —
bringt ihn erst Cäcilia.

Simon und Juda, die heiligen Herrn,
sitzen am warmen Ofen gern.

Simon und Jude
jaget's Vieh en d'Bude;
Martin stellt's ei,
d' Kathrei muß d'Futtermagd sei.

31. WOLFGANG

Sankt Wolfgang Regen —
ein Jahr voll Segen.

Am Wolfgangregen
ist viel gelegen.

NOVEMBER

November naß
bringt jedem was.

Wenn im November die Wasser steigen,
wird sich im Frühling viel Regen zeigen.

Willst du den Futterstand verbessern,
mußt im November die Wiesen wässern!

Novemberwasser auf den Wiesen —
wird im Lenz das Gras gepriesen.

Im November viel Naß —
auf den Wiesen viel Gras.

Der rechte Bauer weiß es wohl,
daß man im November wässern soll.

Wenn im November die Wasser schwellen,
gibt's jeden Monat hohe Wellen.

Steigt im November das Gewässer,
steigt's allmonatlich noch besser;
und nächsten Sommer ist es nässer,
als es zum Wachstum wäre besser.

Friert im November zeitig das Wasser,
dann ist's im Januar um so nasser.

November tritt oft hart herein —
muß nicht viel dahinter sein.

Schneit's im November gleich,
wird der Winter weich.

Novemberschnee
tut der Saat nicht weh.

Wenn November regnet und frostet,
dies der Saat das Leben kostet.

Bringt November Morgenrot,
der Aussaat viel Schaden droht.

November kalt und klar —
trüb und mild der Januar.

November hell und klar —
schlecht das ganze Jahr.

Novemberdonner hat die Kraft,
daß er Korn und Weizen schafft.

Wenn im November Donner rollt,
wird dem Getreide Lob gezollt.

Wenn's im November donnern tut,
wird das nächste Jahr wohl gut.

Wenn's im November blitzt und kracht,
im nächsten Jahr der Bauer lacht.

Novemberdonner —
guter Sommer.

Fällt im November das Laub früh zur Erden,
soll ein feiner Sommer werden.

Hängt's Laub in den November rein,
wird der Winter lange sein.

Sitzt im November fest das Laub,
wird der Winter hart, das glaub.

Hat die Buche noch ihren Saft,
wird der Regen stärker als der Sonne Kraft.

Ist im November die Buche fest,
sich große Kälte erwarten läßt.

Ist im November die Buche im Saft,
viel Nässe dann der Winter schafft.

D'Boppe, 1938

Baumblüte spät im Jahr
noch nie ein gutes Zeichen war.

Blüh'n im November die Bäume aufs neu,
währt der Winter bis zum Mai.

Im November Mist fahren —
das Feld vor Mäusen bewahren.

Tummelt sich im November die Maus,
bleibt der Winter noch lange aus.

Läßt der November viel Füchse bellen,
wird der Winter viel Schnee bestellen.

Wenn der Rabe schreit,
ist der Regen nicht weit.

Je mehr Schnee im November fällt,
um so fruchtbringender das Feld.

Novemberwind
scheut Schaf und Rind.

Sperrt der Winter früh das Haus,
hält er es nicht lange aus.

Wer später will haben,
muß im November gründlich graben.

Wie der November verflogen,
kommt der Mai gezogen.

Ziehen die Spinnen ins Gemach,
kommt gleich der Winter nach.

Novembermorgenrot
mit langem Regen droht.

Bleibt der Vorwinter aus,
kommt der Nachwinter mit Graus.

1. ALLERHEILIGEN

Altweibersommer tut nicht lang gut —
und steht er auch in der Heiligen Hut!

Wenn's an Allerheiligen schneit,
lege deinen Pelz bereit.

Steckt Allerheiligen in der Mütze,
ist Sankt Martin der Pelz nichts nütze.

Allerheiligen klar und helle —
sitzt der Winter auf der Schwelle.

Bricht vor Allerheilgen der Winter ein,
herrscht um Martini Sonnenschein.

Zu Allerheiligen Sonnenschein —
tritt der Nachsommer ein.

Allerheiligen bringt Sommer für alte Weiber
und ist des Sommers letzter Vertreiber.

Ist Allerheilgen der Buchenspan trocken,
wir gern im Winter hinterm Ofen hocken;
ist der Span aber naß und nicht leicht,
so wird der Winter statt trocken recht feucht.

Allerheiligen Reif —
Winter starr und steif.

Hat Allerheiligen Sonnenschein,
wird Martin um so kälter sein.

'S Kräutle wird ganz rar und fein,
kommt Allerheiligensüße drein.

2. ALLERSEELEN

Allerseelen kalt und klar —
Weihnacht alles starr.

Der Allerseelentag
drei Tropfen Regen mag.

Hat Allerseelen Sonnenschein,
wird Martini um so kälter sein.

Haben die Armen Seelen kalt,
wintert es bald.

3. HUBERTUS

Wie Hubertus kommt,
es dem Jäger frommt.

Bringt Sankt Hubert Schnee und Eis,
bleibt's den ganzen Winter weiß.

4. KARL BORROMÄUS

Wenn's an Karolus stürmt und schneit,
dann lege deinen Pelz bereit
und heiz im Ofen wacker ein —
bald wird die Kälte bei dir sein.

6. LEONHARD

Wenn Sankt Leonhard schneit,
ist der Winter nicht weit.

Wenn Leonhard zu Ehren man reitet,
der Winter über die Schwelle schreitet.

Wolken an Sankt Leonhardstag —
der Winter stürmisch werden mag.

Nach der vielen Arbeit Schwere
an Leonhard die Rösser ehre.

Bleibt vor Martin Schnee schon liegen,
wird man gelinden Winter kriegen.

Trübem Sankt Martinstag
kein strenger Winter folgen mag;
ist er aber hell und rein,
richt für große Kält dich ein!

11. MARTIN

Wenn's Laub vor Martini fällt,
kommt eine große Winterkält.

Martini hell —
kommt der Winter schnell.

Schneit es über Martin ein,
wird eine weiße Weihnacht sein.

Wie Sankt Martin sich führt ein,
wird zumeist der Winter sein.

Ist's um Sankt Martin trocken und kalt,
wird der Winter lind und nicht alt.

Wenn um Martini Regen fällt,
ist's um den Weizen schlecht bestellt.

Sankt Martin setzt sich schon mit Dank
am warmen Ofen auf die Bank.

Bringt Martinus Sonnenschein,
tritt ein kalter Winter ein.

Novembernebel 1927

Ist's an Martini nicht trocken und kalt,
die Winterkälte nicht lange anhalt.

Zu Martin Laub an Bäumen und Reben —
wird's einen strengen Winter geben.

Wenn das Laub nicht vor Martin fällt,
ein harter Winter sich lange hält.

Kommt Sankt Martin mit Winterkält,
ist's gut, wenn bald Schnee einfällt —
man hat ihn lieber dürr als naß.
So hält sich's auch mit Andreas.

Sankt Martin —
Zahltermin.

Sankt Martin ist ein harter Mann
für den, der nicht bezahlen kann.

Martin ist der Grundzinstag —
drum nimm das Geld aus deinem Sack!

Sankt Martin kommt nach alten Sitten
gern auf dem Schimmel angeritten.

Sankt Martin ist ein guter Mann —
er bringt die Bratgans uns heran.

Um Martin haben wir genug —
eine Gans in der Schüssel und Wein im Krug.

Bei fetter Gans und Saft der Reben
laß den heil'gen Martin leben!

Kommt Martini heran,
hat der Bauer das Dreschen getan.

Kehrt Martin ein,
ist der Most schon Wein.

Wolken am Martinitag —
der Winter unbeständig werden mag.

Ist Sankt Martin trüb,
wird der Winter lieb,
ist Sankt Martin helle,
wird er kalt für älle.

Martini metzg ein fettes Schwein,
dann wird mein Most zum besten sein!

Martini schlachtet man ein Schwein;
es muß um Lichtmeß 'gessen sein.

Sankt Martin dunkel —
Weihnachten Sternengefunkel.

Sankt Martin
macht Feuer im Kamin;
dann, o Mädle,
greif zum Rädle!

Wenn um Martini Nebel sind,
wird der Winter meist gelind;
hat Martin aber weißen Bart,
wird der Winter lang und hart.

Die Martinsgans auf dem Eise steht —
das Christkindlein im Schmutze geht.

15. ALBERT

Mit den Federn der Martinsgans
beginnt meist auch der Schneeflockentanz.

An Albertus Sonnenschein —
tritt ein harter Winter ein.

15. LEOPOLD

Der heilige Leopold
ist dem Altweibersommer hold.

16. OTMAR

Um Abt Otmar von Sankt Gallen
gern die ersten Flocken fallen.

17. SALOME

Sankt Salome
bringt Reif und Schnee.

19. ELISABETH

Es kündet Sankt Elisabeth,
was für ein Winter vor uns steht.

Sankt Elisabeth zeigt an,
was der Winter für ein Mann.

21. MARIÄ OPFERUNG

Mariä Opferung schön bestellt,
daß die Biene Ausflug hält —
so ist das nächste Jahr fürwahr
ein böses, teures Hungerjahr.

Mariä Opferung klar und hell
macht den Winter streng und fehl.

22. CÄCILIA

Simon und Juda
kein Wind, kein Regen da —
bringt ihn nun Cäcilia.

Wenn Cäcilia schneit,
ist der Winter nicht mehr weit.

23. KLEMENS

Sankt Klemens uns den Winter bringt,
Sankt Petri Stuhl dem Frühling winkt,
den Sommer bringt uns Sankt Urban,
der Herbst fängt um Sankt Barthel an.

Dem heiligen Klemens traue nicht,
selten hat er ein mild Gesicht.

23. KOLUMBAN

Sankt Kolumban
kündigt den Winter an.

24. VIRGILIUS

Friert es auf Virgilius,
im Märzen Kälte kommen muß.

25. KATHARINA

Sankt Kathrein
läßt den Winter ein.

Kathrein
will weiß gekleidet sein.

Hochwald im November, 1970

Wie das Wetter um Kathrein
wird's den ganzen Winter sein.

Sankt Kathrei'
lockt d'Henna rei'.

Kathrein
treibt die Schaf' rein.

Schafft Katharina vor Frost sich Schutz,
geht man später lang im Schmutz.

Wie's um Kathrina, trüb oder rein,
wird auch der nächste Februar sein.

Ist's wolkig am Katharinentag,
gedeihen die Bienen gut danach.

Katharinawinter —
Plagwinter.

Wer eine Gans zum Essen mag,
beginn die Mast am Kathrinentag.

Ist's an Kathrein schön,
wird der Februar angenehm.

Sankt Kathrein
stellt den Tanz ein.

26. KONRAD

Noch niemals stand ein Mühlenrad
an Konrad, weil er Wasser hat.

Konrad und Käther
bringen Winterwetter.

Konrad und Kathrei
keiet anander en da Dreck nei.

29. Saturnin

An Saturnin
zieht der Herbst dahin.

30. Andreas

Andreasschnee
tut den Saaten weh.

Hält Sankt Andrä den Schnee zurück,
schenkt er reiches Saatenglück.

Wirft herab Andreas Schnee,
tut's dem Korn und Weizen weh.

Andreas hell und klar —
gutes Jahr.

Schau in der Andreasnacht,
was für Gesicht das Wetter macht:
So wie es ausschaut, glaub's fürwahr,
bringt's gutes oder schlechtes Jahr.

Der Andräschnee liegt oft hundert Tage,
wird für Klee und Korn dann eine Plage.

Endris
bringt den Winter gwiß.

Im Winter um Sankt Andres
bin i dr Arbeit satt,
noch gang i halt in d'Brunnekress
ond verkauf se en dr Stadt.

Andres bloß
macht den Laib groß.

DEZEMBER

Dezember warm —
Gott erbarm!

Sturm im Dezember und Schnee —
schreit der Bauer Juchhe.

Fließt im Dezember noch Birkensaft,
kriegt der Winter keine Kraft.

Dezemberwind aus Ost
bringt Kranken schlechten Trost.

Dezember mild mit vielem Regen
ist für die Saat kein großer Segen.

Viel Wind und Nebel in Dezembertagen
kalten Frühling, schlechtes Jahr ansagen.

Christmonat veränderlich und lind —
der ganze Winter ein Kind.

Dezember dunkel, nicht sonnig klar,
verheißt ein gutes, fruchtbares Jahr;
ein nasser macht es unfruchtbar.

Je dunkler es über Dezemberschnee war,
desto mehr Segen im künftigen Jahr.

Wenn der Christmond bricht,
ist der Winter ein Wicht.

Kaltem Dezember mit tücht'gem Schnee
folgt fruchtbar Jahr mit reichlich Klee.

Es folgt allzeit und immerdar
auf kalten Dezember ein fruchtbar Jahr.

Bringt Dezember Kält und Schnee ins Land,
dann wächst das Korn gut, selbst auf Sand.

Wenn der Dezember nicht wintern tut,
wird der Sommer selten gut.

Dezember kalt mit Schnee
gibt Korn auf jeder Höh.

Bleibt im Dezember der Winter fern,
nachwintert es gern.

Donnert's im Dezember gar,
kommt viel Wind das nächste Jahr.

Donnert's im Advent,
der Raps danach verbrennt.
Der Wind und auch der Regen
werden sich sobald nicht legen.

Je näher die Hasen dem Dorfe rücken,
desto näher auch des Winters Tücken.
Sind die Drosseln noch da,
ist er noch nicht nah.

Grauhäslein im tiefen Dezemberschnee
labt sich zu Ostern am grünen Klee.

Glatter Pelz beim Wilde —
dann wird der Winter milde.

Bei Winternebel bringt Ostwind Tau,
der Westwind trägt ihn aus der Au.

Donner im Weihnachtsquartal
bringt uns Kälten ohne Zahl.

Schnaifurche
Gedeihfurche;
Gefrorenenfurche
Verlorenenfurche.

Wenn der Wind zu Vollmond tost,
folgt ein langer, kalter Frost.

Winterreute, 1928

Wenn Winde wehen im Advent,
wird uns reiche Ernt geschenkt.

Herrscht im Advent recht strenge Kält,
sie volle achtzehn Wochen hält.

Gefriert im Dezember der Weinstock ein,
kann er härter als ein Fichtenbaum sein.

Ist's in den zwölf Nächten wild,
sind sie milden Winters Bild.

Wird's am ersten Advent erst kalt,
hält das Eis zehn Wochen bald.

Je fetter die Vögel und Dachse sind,
desto kälter erscheint das Christkind.

Dezember ohne Schnee
tut Bäum' und Feldern weh.

Im Advent viel Schnee und Frost —
im nächsten Jahr viel Korn und Most.

Wie's friert im Advent,
die Erntesonne brennt.

Weißer Dezember, viel Kälte darein,
bedeutet, das Jahr wird fruchtbar sein.

Abendröte bei West
gibt dem Frost den Rest.

1. ELIGIUS

Eligius kalter Wintertag —
die Kälte vier Monat dauern mag.

Hat Eligius kalt,
wird der Winter alt.

2. BIBIANA

Bibiana kalt mit Schnee —
niemand sagt oweh.

3. FRANZ XAVER

Franz Xaver
bringt den Winter her.

4. BARBARA

Auf Barbara die Sonne weicht —
auf Luzia sie her wieder schleicht.

Zweige schneiden an Barbara:
Blüten sind zur Weihnacht da.

Wie der Barbaratag sich stellt,
das Wetter sich am Christtag hält.

5. GERALD

Sankt Gerald:
es wird kalt.

6. NIKOLAUS

Regnet's an Sankt Nikolaus,
wird der Winter streng und graus.

Sankt Nikolaus beschert die Kuh,
gibt aber nicht den Strick dazu.

Sankt Nikolaus
spült die Ufer aus.

Niklaus ist entwichen,
Luzie ist ihm nachgeschlichen;
der Frost sich mehrt, die Sonn sich wend't,
Silvester macht dem Jahr ein End.

Wenn es schneit, daß's Fetze geit,
ist d'r Niklaus nemme weit.

7. AMBROSIUS

Sankt Ambros
läßt den Winter los.

8. MARIÄ EMPFÄNGNIS

Maria im weißen Kleid
sagt an die Winterszeit.

Wirds am Frauentag erst kalt,
bleibt der Schnee, bis daß er alt.

11. DAMASUS

Sankt Damasus
macht mit dem Nebel Schluß.

13. LUCIA

Sankt Luzia kürzt den Tag,
soviel sie ihn nur kürzen mag.

Kommt die heilige Luzia,
ist die Kälte auch schon da.

Sankt Luzen
macht den Tag stutzen;
dann hebt er wieder an zu langen,
und die Kälte kommt gegangen.

Von Luzia bis zur heiligen Nacht
der Tag sich einen Hahnschrei größer macht.

Sankt Veit den längsten Tag,
Luzia die längste Nacht vermag.

An Sankt Luzia
ist der Abend dem Morgen nah.

16. ADELHEID

An Sankt Adelheid
macht sich der Winter breit.

Adelheid im weißen Kleid
verkündet gute Sommerszeit.

17. LAZARUS

Ist Sankt Lazar nackt und bar,
wird ein gelinder Februar.

18. WUNIBALD

Um Sankt Wunibald
wird's gern kalt.

21. THOMAS

Wenn Sankt Thomas dunkel war,
gibt's ein schönes neues Jahr.

hristi Geburt, 1950

24. HEILIGABEND

Wie's Adam und Eva spend't,
bleibt's Wetter bis ans End.

Wenn Heiligabend schön und klar,
sind nächstes Jahr die Scheunen laar.

Christnacht hell und klar —
gutes Jahr.

Fallen in der Christnacht Flocken,
wird sich der Hopfen gut bestocken.

Wird es in der Christnacht schneien,
so kann sich der Hopfen freuen.

25. WEIHNACHTEN

Weihnacht kalt und klar —
höchst gesegnet Jahr.

Weihnacht im Schnee —
Ostern im Klee.

Lag's Christkind im Klee,
weiht man Palmen im Schnee.

Weihnachten klar —
gutes Weinjahr.

Ist es grün zur Weihnachtsfeier,
fällt der Schnee auf Ostereier.

Weihnachten im grünen Kleid
hält für Ostern Schnee bereit.

Weihnachten grün — Ostern weiß —
gut Nacht dann, Bauer, deinem Fleiß!

Bis Weihnacht juchhe —
nach Weihnacht o weh.

Vom Eise eine Brücke muß
zu Weihnacht haben Bach und Fluß.

Ist gelind der heilige Christ,
der Winter drüber wütend ist.

Hängt zur Weihnacht Eis an den Weiden,
kannst du zu Ostern Palmen schneiden.

Grünen am Christtag Felder und Wiesen,
wird sie zu Ostern der Frost verschließen.

Je dicker das Eis um Weihnachten liegt,
je zeitiger der Bauer Frühling kriegt.

Ist's zur Weihnacht warm und lind,
kommt zu Ostern Schnee und Wind.

Ist Weihnacht kalt,
kurz der Winter, das Frühjahr kommt bald.

Schneller Frost auf starken Regen
kommt zur Weihnacht ungelegen.

Schneits in der Weihnachtsnacht aufs Dach,
wintert's im Frühjahr gerne nach.

Bringt das Christkind Kält und Schnee,
drängt das Winterkorn in d' Höh.

Bis Weihnacht gibt es Speck und Brot,
nachher kommen Kält und Not.

Viel Wind in den Weihnachtstagen —
reichlich Obst die Bäume tragen.

Weihnachten wächst der Tag,
so weit ein Mücklein gehen mag;
Neujahr wächst der Tag,
so weit der Haushahn schreien mag;
um Dreikönig wächst der Tag,
so weit das Hirschlein springen mag.

Weihnacht lind und rein —
wird ein langer Winter sein.

Ab Weihnacht naß —
leer Scheuer und Faß.

Wenn Christkindlein Regen weint,
vier Wochen keine Sonne scheint.

Weihnachten — rechte Zeit,
wenn es weht und stürmt und schneit.

Besser, die Weihnacht knistert
als daß sie flüstert.

Von Weihnacht bis Dreikönigstag,
aufs Wetter man wohl achten mag.

Wie's Wetter von Christtag bis Dreikönig
sich hält,
so ist das ganze Jahr bestellt.

Weihnachten —
Schweineschlachten,
Lichtmessen —
alles gegessen;
der Heiland erstanden —
nichts mehr vorhanden!

26. STEPHANUS

Windstill muß Sankt Stephan sein,
soll der nächste Wein gedeih'n.

Bringt Sankt Stephan Wind,
die Winzer nicht fröhlich sind.

Bläst der Wind an Stephan recht,
wird nächstes Jahr der Wein gar schlecht.

Scheint am Stephanstag die Sonne,
gerät der Flachs zur größten Wonne.

27. JOHANNES

Hat der Evangelist Eis,
macht der Täufer heiß.

Fällt am Johannestag Schnee,
gefrieren bald Weiher und See.

28. Unschuldige Kinder

Haben's die Unschuldigen Kindlein kalt,
weicht der Frost nicht so bald.

31. SILVESTER

Silvester hell und klar —
glückauf zum neuen Jahr!

Wind in der Silvesternacht
hat nie Wein und Korn gebracht.

Silvesternacht Wind und Morgensonn —
gibt gute Hoffnung auf Wein und Korn.

Silvesterwind und warme Sonn
wirft jede Hoffnung in den Bronn.

Wie auch das Wetter sich gestaltet —
beim Jahresschluß die Hände faltet!

Holzspalter, 1929

Steht im Januar noch das Korn,
wird's der Bauer vergessen hon.

Gibt's Schnee und Eis im Januar,
so fängt mit Kälte an das Jahr.

Auf das kannst zählen du jederzeit,
daß es am 30. Februar nicht schneit.

Stellt sich im März der Donner ein,
muß das ein Gewitter sein.

Auf März folgt stets April —
das ist Kalenderwill.

Fällt im April der Regen ein,
hat man keinen Sonnenschein.

Donner im Mai —
April vorbei.

Verliert im Mai dr Bauer sei Hos,
war im April dr Knopf scho los.

Fällt Juniregen in den Roggen,
so bleibt der Weizen auch nicht trocken.

Regnet es im Monat Juni,
geht des Bauern Sohn auf d'Uni;
hat es aber Sonnenschein,
dann bleibt er daheim.

Schmerzt im Juli dir das Bein,
wird's 's rechte oder 's linke sein.

So der Storch dir im August ein Kind beschert,
wird die Familie um eines vermehrt.

Geraten im September die Reben,
wird es viele Räusche geben.

Prügelt im Oktober der Jäger den Hund,
so tut er's mit oder ohne Grund.

Wenn im November der Schornstein raucht,
wird in der Küche viel Holz verbraucht.

Gefriert's an Silvester in Berg und Tal,
geschieht es dies Jahr zum letzten Mal.

Kommt der Regen schräg von vorn,
kriegt die Kuh ein nasses Horn.

Sind die Kälber klein und mager,
war der Häge ein Versager.

Hast du Hühner, platt wie Teller,
war der Traktor wieder schneller.

Wenn der Hahn kräht auf dem Mist,
ändert sich's Wetter, oder 's bleibt, wie's ist.
Sitzt er aber auf dem Huhn,
hat das mit dem Wetter nichts zu tun.

Geht die Sonne auf im Westen,
mußt du deinen Kompaß testen.

Wenn am Sonntag der Bauer einen hebt,
dann hat er den Samstag überlebt.

Wachsen die Nächte wieder auf Erden,
so viel kürzer die Tage werden.

Stürmt es dusse,
brauchst Geduld.
Stürmt es dinne,
bist selber schuld.

Männer im Schnee, 1931

Dezember, 1936

BILDREGISTER

254 LITERATURVERZEICHNIS

MORITZ BERTSCH, Deutscher Volksglaube, Leipzig 1877.

ANTON BIRLINGER, So sprechen die Schwaben, Berlin 1868.

ANGELIKA BISCHOFF-LUITHLEN, Von Amtsstuben, Backhäusern und Jahrmärkten, Stuttgart 1973.

WALTER BLEICHER, Schwäbische Kunde von Sitte und Brauch im Kreis Saulgau, Scheer 1969.

ELISABETH von CRAMER-KLETT, Alte Bauernregeln, München 1982.

URSMAR ENGELMANN, Die Monatsbilder; Basel, Freiburg, Wien o. J.

HERMANN FISCHER, Schwäbisches Wörterbuch, Band I—VI/2, Tübingen 1904—1936.

WERNER H. GOLDER, Wie's Wetter wird, Alte Wetter- und Bauernregeln, Wasserburg am Inn o. J.

GEORG HADDENBACH, Bauernregeln, Bauernweisheiten, Bauernsprüche, Niedernhausen 1986/87.

ALBERT HAUSER, Bauernregeln, Zürich und München 1981.

WERNER P. HEYD, Bauernweistümer, Wetterregeln und Lostagssprüche auf Tage, Monate, Jahreszeiten, Memmingen 1971.

JAKOB ILS, Die Volkspoesie in den Sprichwörtern, Sinnsprüchen, Bauernregeln und Hausinschriften auf dem Lande, Stuttgart 1910 (= Des Landmanns Winterabende, 90. Bändchen).

AUGUST LÄMMLE, Der Volksmund in Schwaben, Stuttgart 1924 (= Schwäbische Volkskunde, Erstes Buch).

HEIDI LEHMANN, Wie's Wetter wird. Bauernregeln und Kalenderweisheiten, München 1973.

HORST MALBERG, Bauernregeln, Berlin 1989.

HORST MALBERG, Bauernregeln und ihr wahrer Kern. Süddeutscher Rundfunk, Studio Heidelberg 1989.

MAX MILLER, Von schwäbischen Kalendern in alter Zeit, in: Württemberg, Monatsschrift im Dienste von Volk und Heimat, Stuttgart 1933.

KURT ORPHAL, Alte Bauernregeln — neu gesehen, Berlin 1942.

ROLAND W. PINSON, Deutsches Landleben, Bayreuth 1981.

EBERHARD PRENZEL, Wetter und Wind ändern sich geschwind, Leipzig 1988.

HANS SCHINDLMAYER, Mittelschwäbischer Volksspiegel, Augsburg 1936.

PHILIPP SCHMIDT, Volkskundliche Plaudereien, Bonn o. J.

BERNHARD WELTE, Sprüche aus dem alten Meßkirch, in: Hegau, 26. Jhrg., Heft 38, 1981.

SCHWÄBISCHE ZEITUNG, Ausgabe Biberach, Jahrgang 1981 ff. (Kalenderblatt von Dr. Otto Beck).

Ältere Jahrgänge folgender Kalender:

Katholischer Volkskalender, Stuttgart; Regensburger Marien-Kalender, Regensburg;
St. Michael-Kalender, Kaldenkirchen; Apostelkalender, Zug/Schweiz;
Kalender zu Ehren Unserer Lieben Frau vom Heiligsten Herzen Jesu, Hiltrup;
Herder Haus-Kalender, Freiburg i. Br.; Pallottiner Missions-Kalender, Limburg/Lahn;
St. Antonius-Kalender, Fulda; Caritas-Kalender, Freiburg i. Br.; Unser Volkskalender, Schopfheim;
Benzinger's Einsiedler Kalender, Einsiedeln/Schweiz; Mariannhiller Missionskalender, Reimlingen;
Des Lahrer Hinkenden Boten, Lahr; Schwäbischer Heimatkalender, Stuttgart;
Schwäbischer Bauernkalender, Stuttgart; Ulrich's Handkalender, Riedlingen.

Literatur über Jakob Bräckle

Adam Kuhn, Bedeutende Biberacher, Biberach 1929.
Walter Münch, Gerd Maier, Jakob Bräckle, ein oberschwäbischer Maler, Stuttgart und Aalen 1974.
Katalog der Ausstellung Jakob Bräckle zum 80. Geburtstag, Biberach 1977.
Künstlerbund Baden-Württemberg, 24. Jahresausstellung, Freiburg 1978.
Stadt Biberach an der Riß (Hrsg.), Jakob Bräckle-Retrospektive, Biberach 1982.
Stadt Biberach an der Riß (Hrsg.), Jakob Bräckle. Der Weg zur Abstraktion, Biberach 1987.